V 700.
Z. 1.

Inventaire 3970

DESCRIPTION

DE L'ART

DE LA MÂTURE.

Par M. ROMME, Professeur Royal de Mathématiques de MM. les Gardes de la Marine à Rochefort, Correspondant de l'Académie Royale des Sciences.

M. DCC. LXXVIII.

DESCRIPTION
DE L'ART
DE LA MÂTURE.

LORSQUE les hommes imaginerent d'employer la force du vent pour mouvoir les Vaisseaux, ils inventerent nécessairement l'Art de la Mâture. Cette époque remonte, sans doute, à des temps très-reculés ; & cependant la Science à laquelle il étoit réservé de dicter à l'Art les regles qu'il doit suivre, n'a pas fait encore des progrès proportionnés à cet éloignement. Elle ne peut même, malgré les efforts de grands Géometres, prescrire exacte-ment aux Mâts des Vaisseaux, ni la place qu'ils doivent occuper, ni la hauteur à laquelle ils doivent s'élever.

L'Art de la Mâture qui embrasse tout ce qui est relatif, soit à la forme des Mâts, soit à la liaison des pieces qui les composent, soit à la solidité de leur établissement sur les Vaisseaux, semble déja avoir acquis toute la perfection dont il est susceptible. Les ouvrages des Artistes Mâteurs sont aussi finis qu'ils peuvent l'être, & sans doute ils produiront les meilleurs effets possibles, dès que la Théorie se sera élevée au but qu'elle doit atteindre.

La description d'un Art semble devoir présenter non-seulement le tableau, soit des ouvrages qu'il produit, soit des moyens & des procédés qu'il em-ploie pour les former; mais elle doit s'étendre à d'autres objets. Un Art, qui essentiellement a pour base les Sciences exactes, la Physique & l'ex-périence, ne peut être bien connu que par le détail combiné, & des regles générales auxquelles il est asservi, & des fondements sur lesquels elles sont établies. Le développement de ces regles entraîne l'obligation de remonter à leur fource, de les raifonner, de les comparer, & de préfenter ce qu'elles peuvent renfermer de vague ou de douteux. Les préceptes de la Science doivent donc ici fe mêler néceffairement aux pratiques de l'Art, & leur liaifon bien expofée ne peut que réfléchir une plus grande lumiere & fur l'un & fur l'autre. Plufieurs Auteurs eftimés ont traité de la fcience de la Mâture; leurs Ouvrages étant publics, peuvent être confultés par tous ceux qui veulent s'inftruire fur ces objets: ainfi, lorfque je formai le projet de décrire l'Art de la Mâture, il ne me reftoit plus à defirer, pour compofer un Ouvrage complet fur cette matiere intéreffante, que la communication des connoiffances d'un Artifte éclairé & inftruit par une longue pratique de fon Art. M. Perrain, entretenu par le Roi au port de Rochefort en qualité de Maître Mâteur, eft cet Artifte, d'ailleurs habile dans tous les Arts relatifs à la Marine, qui a bien voulu me donner toutes les lumieres & les fecours néceffaires. Il s'eft joint à moi pour compofer en commun un tableau de l'Art de la Mâture; & fi cet Ouvrage eft jugé de quelque utilité, nous partagerons enfemble le tribut de la reconnoiffance publique. Les fils de cet Artifte qui déja répondent dignement aux leçons d'un fi bon Maître, ont exécuté les plans joints à notre travail, avec un foin qui doit donner de leurs talens & de leur zele l'idée la plus avantageufe.

C'eft avec de tels fecours que l'Art de la Mâture a été décrit. Cet Ouvrage, entrepris fous de tels aufpices, s'attirera fans doute la confiance de MM. de l'Académie des Sciences; & s'il peut mériter leurs fuffrages, je me croirai récompenfé de mon travail au-delà de mes efpérances.

CHAPITRE PREMIER.
Des Mâts & des Vergues.

LA terre eft enveloppée d'une atmofphere dont les colonnes font rarement dans un parfait équilibre, & l'air a toujours quelque mouvement fur une direction déterminée, quelle que foit la région du globe où l'on fe trouve. C'eft d'après cette confidération que toutes les puiffances qui peuvent être employées à mouvoir les vaiffeaux, la plus propre eft fans doute le vent. Il eft peu de bâtiments qui foient mis en mouvement par quelqu'autre caufe, & on fe fert d'un tel moteur même dans les Galeres qui font deftinées primitivement à n'obéir qu'à l'action des rames.

Un vaiffeau eft un poids énorme, qui ne peut être ébranlé que par une force confidérable; & l'air eft fi rare, que fon effet n'eft grand que lorfqu'il agit fur une furface trés-étendue. C'eft pourquoi on a imaginé de donner aux vaiffeaux des voiles qui préfentent une très-grande furface, afin qu'elles reçoivent de l'air une impulfion proportionnée à la maffe à mouvoir. Comme le cours du vent eft ordinairement horifontal, on a déterminé que le plan des voiles feroit vertical, & dès-lors on a établi les voiles fur les vaiffeaux, à l'aide des mâts propres à les foutenir dans une fituation verticale, & en employant des vergues qui fervent à les déployer & à les étendre, afin que l'impulfion du vent foit & plus directe & plus multipliée.

Des mâts, des vergues & des voiles compofent enfemble tout l'appareil né-ceffaire pour donner à un vaiffeau tout le mouvement que le vent peut lui com-muniquer. Les voiles reçoivent l'impulfion du vent, elles la tranfmettent aux vergues qui les foutiennent ; les vergues font portées par les mâts qui font étroitement liés au vaiffeau : ainfi cet effort du vent fe communique au vaif-feau qui, dès-lors preffé par une telle puiffance, refoule le fluide, furmonte fa réfiftance, & le fillonne avec une rapidité proportionnée à la caufe qui le follicite. Qu'on confidere la Figure premiere, elle repréfente une fimple bar-que. Une feule voile fert à la mettre en mouvement, & à lui donner un fillage convenable. Le côté fupérieur de cette voile *abde* eft lacé avec la vergue *ab*, & cette vergue eft liée en *c* avec le mât *fg*. Le vent agit fur la voile, & l'ef-fort réfultant fe partage entre le mât & les points *det*, qui font les points par lefquels les coins inférieurs de la voile font retenus. Des cordages attachés à ces angles *det*, uniffent la voile à la barque, qui reçoit ainfi tout le mouve-ment que fa force, l'étendue de fa voile & la forme du vent lui permettent d'acquérir. Fig. 1.

On peut maintenant imaginer comment, dans un gros vaiffeau, dont la lon-gueur eft plus confidérable que celle de cette barque, & dont la maffe eft bien fupérieure, les mâts & les voiles ont pu être multipliés. On conçoit auffi comment les mâts peuvent être plus ou moins élevés, & commen. on peut en diftribuer plufieurs fur différents points de la longueur d'un vaiffeau.

Il regne la plus grande diverfité dans la forme des bâtiments qui font conf-truits ou par ordre du Gouvernement, ou pour les befoins du Commerce ; auffi la mâture convenable à tous ces bâtiments préfente de très-grandes diffé-rences. Cependant elle n'eft pas extrêmement variée, foit dans le nombre des mâts, foit dans celui des vergues ; mais les différentes dimenfions des vaif-feaux produifent de grandes différences, foit dans la hauteur des mâts, foit dans leur groffeur.

Tous les bâtiments peuvent, fans doute, porter le même nombre de mâts ; mais la même voilure n'étant pas également néceffaire à tous, on diminue dans les uns, relativement aux autres, foit le nombre des mâts, foit celui des voiles. Les Vaiffeaux de guerre, les Frégates, plufieurs Corvettes, & les Bâtiments marchands qui refoulent dans leur marche une colonne d'eau confidérable, portent auſſi une grande voilure , & ſont ordinairement garnis de trois mâts à peu-près verticaux. Les bâtiments moins forts n'ont qu'un ou deux mâts ; tels que les Senauts , les Brigantins , quelques barques , des bateaux , &c.

Les mâts d'un vaiſſeau ont des noms diſtinctifs & des places déterminées ; & la mâture d'un vaiſſeau de guerre réunit tous les mâts que l'art a imaginé néceſſaires au ſillage & aux évolutions d'un bâtiment quelconque. Si on jette les yeux ſur la Figure 3 , on y diſtinguera trois mâts à peu-près verticaux, & un quatrieme placé ſur l'avant du vaiſſeau qui eſt incliné à l'horiſon. Ce vaiſſeau , repréſenté dans cette Figure , eſt ſans voiles & ſans agrêts , & ſa mâture eſt toute nue. Le mât incliné & placé ſur l'avant, ſe nomme *Beaupré*; le mât ſuivant qui eſt vertical , eſt nommé *Mât de Miſaine* ; celui qui répond à peu-près au milieu du vaiſſeau , porte le nom de *Grand Mât* , il eſt perpendiculaire à la quille ; & le mât qui eſt à l'arriere , & qui eſt parallele au grand mât , eſt le *Mât d'Artimon*. Ces mâts , conſidérés chacun en particulier , ſont compoſés de mâts partiels qui , par leur longueur particuliere , forment enſemble la hauteur de chaque mât total. Le premier mât partiel du grand mât , eſt nommé *Bas-Mât*. Son pied repoſe ſur la carlingue du vaiſſeau , & il s'éleve juſqu'à une certaine hauteur déterminée par l'art & par l'expérience. Le ſecond mât partiel, dont la longueur ſert de prolongement au bas-mât, eſt le *grand Mât de Hune* , & le troiſieme mât partiel eſt le *Mât de Perroquet*. Les trois mâts partiels de Miſaine ſont auſſi nommés *Bas-Mât de Miſaine , petit Mât de Hune* , & *Mât de petit Perroquet*. Le mât d'artimon eſt formé ſouvent de deux mâts partiels , & quelquefois de trois , qui ſont nommés *Bas-Mât d'Artimon , Mât de Perroquet de fougue* & *Mât de Perruche* ; & le mât de Perroquet de fougue ſert ſouvent à porter ſeul les voiles de fougue & de perruche. Le Beaupré n'eſt pas compoſé de pluſieurs mâts partiels , cependant il y a une eſpece de petit mât , nommé *Boute-hors* ou *Bâton de foc* , qui prolonge ſa longueur ou ſa ſaillie hors du vaiſſeau ; mais les dimenſions de ce boute-hors n'ont pas avec celles du beaupré un rapport comparable à celui qui regne entre les dimenſions des mâts partiels d'un même mât ; elles ſont , au contraire , dans un rapport bien plus grand.

Si les mâts d'un vaiſſeau ſont ainſi formés de pluſieurs mâts partiels , c'eſt que les plus grands arbres ne ſuffiroient pas pour faire un mât total. Ces mâts partiels & partie d'un même mât ſont étroitement liés les uns aux autres , pour réſiſter enſemble & ne faire qu'un ſeul tout. Les moyens employés , ſoit pour les réunir , ſoit pour les aſſujettir , ſoit pour les ſoutenir élevés & placés à la ſuite l'un de l'autre , feront l'objet d'un des Chapitres ſuivants. Il nous paroît eſſentiel de commencer par examiner comment on a réglé le nombre des mâts d'un vaiſſeau , comment on a fixé leurs places & borné leur hauteur. Ces trois objets doivent premierement nous occuper. Ils ſerviront de diſſertation préliminaire

qui

qui devient bien effentielle à l'intelligence de l'Art de la Mâture. Nous connoîtrons, par un tel expofé, les vrais principes de la mâture. Nous faurons fur quoi font fondées les fonctions & les ufages des différents mâts d'un vaiffeau ; & établiffant ainfi les rapports qui doivent régner entr'eux, nous jugerons mieux des dimenfions que doivent avoir les mâts & les bois convenables à la mâture de toute efpece de vaiffeaux.

§. I.

La maffe d'un vaiffeau eft trop-confidérable pour que la voilure d'un feul mât puiffe lui communiquer un mouvement convenable ; d'ailleurs, la difficulté prefque infurmontable d'affigner exactement la place de ce mât unique, & la néceffité de produire dans un vaiffeau des évolutions très-promptes, ne permettent pas de borner à un feul mât la mâture d'un vaiffeau. Les Marins dirigés par l'expérience ont donc décidé qu'on établiroit plufieurs mâts, fur-tout dans les gros bâtiments. On calculeroit aifément le nombre des mâts convenable à un vaiffeau d'une longueur déterminée, fi ces mâts portoient tous une voilure égale, & fi les voiles de chaque mât avoient dans toute leur hauteur une même largeur déja fixée par la pratique. En effet, fi on cherche le nombre des mâts verticaux d'un vaiffeau donné, comme la manœuvre ne permet pas qu'on en établiffe aux extrémités du vaiffeau, fi ce nombre eft n, fi la longueur donnée du vaiffeau eft a, & fi la diftance réciproque de ces mâts eft d, on aura $n = \frac{a}{d}$.

Afin de déterminer d, adoptons les ufages que fuivent les Marins fur la largeur qu'ils affignent aux baffes voiles, & fuppofons cette largeur égale à la demi-longueur du vaiffeau. La commodité de la manœuvre n'a pas permis de leur donner plus d'étendue en largeur. Confidérons maintenant plufieurs mâts établis fur divers points de la longeur d'un vaiffeau. Lorfque les voiles portées par ces différents mâts font un angle droit avec la quille, & que le vent eft arriere, ces voiles fe couvrent mutuellement ; & les voiles de l'avant ne recevroient pas l'impulfion du vent régnant, fi celles de l'arriere n'étoient pas carguées. Cette impulfion eft alors perpendiculaire fur le plan des voiles qui y font directement expofées, & la grandeur de l'effet qui en réfulte, compenfe en partie le défaut d'action des autres voiles. Les intervalles des mâts, quels qu'ils foient alors, n'influent aucunement fur l'intenfité de l'effort des voiles. Mais fi l'incidence du vent eft oblique, & fi le plan des voiles fait un angle plus ou moins aigu avec la quille ; c'eft alors qu'il faut fuppléer au peu d'énergie de l'effort réfultant de l'impulfion du vent fur chaque voile, par l'étendue des voiles éventées. Ainfi, c'eft lorfqu'on court au plus près, que la néceffité devient plus preffante de faire porter beaucoup de voiles, & de leur faire recevoir l'impulfion du vent dans tous les points de leur

furface. C'eft donc fur-tout dans les routes au plus près que les voiles ne doivent pas fe couvrir mutuellement , & cette condition dépend principalement
de la diftance établie entre les différents mâts. Ainfi les circonftances femblent donc exiger qu'on calcule la diftance convenable qui doit régner entre
les mâts, pour le cas où les voiles font orientées au plus près.

Dans les gros vaiffeaux , les voiles orientées au plus près font avec la quille
un angle égal à trois quarts de vent , ou à 33° 45' , & alors le vent ne les
frappe que fous un angle d'incidence de 22° 15' à peu-près. Soit *o e* la longueur
du vaiffeau ; *a b* & *e c* deux voiles paralleles orientées au plus près, & portées
par deux mâts voifins, qui font fitués aux points *q* & *d*. Soit *n a* la direction
du vent. Si on cherche *b c* ou *q d* dans le triangle *a b c*, & qu'au lieu de la largeur de chaque voile on mette la demi-longueur du vaiffeau , on trouvera que
n = 3 à peu-près. Ainfi les mâts verticaux d'un vaiffeau doivent donc être bornés
au nombre de trois , lorfque toutefois les voilures de chaque mât font égales ,
& lorfque les voiles d'un feul mât ont dans toute leur hauteur une même
largeur égale à la demi-longueur du vaiffeau. Ces conditions énoncées ne font
pas exactement conformes à celles que les Marins ont cru devoir remplir. Ils
ont bien fixé à trois le nombre des mâts verticaux d'un vaiffeau ; mais ils ne
leur ont pas affigné une voilure égale , & les voiles d'un même mât ont des
dimenfions fort différentes. Trois mâts leur ont paru fuffifants pour produire
tous les effets qu'on peut attendre du jeu des voiles , & l'expérience les a
convaincus que ces mâts , bien loin d'être égaux en voilure , devoient avoir
entre eux des différences confidérables. Cependant à ces trois mâts verticaux
que tous les bâtiments font fufceptibles de porter, ils ont joint un quatrieme mât
incliné à l'horifon , & placé tout-à-fait fur l'avant du vaiffeau ; & l'utilité de
ce mât l'a fait adopter dans prefque tous les bâtiments. Il favorife particuliérement les évolutions d'un vaiffeau , il contribue beaucoup à maintenir l'équilibre des voiles , & fur-tout il affure prefque feul la folidité de tout le refte
de la mâture. Le beaupré eft d'une groffeur toujours confidérable relativement
aux autres mâts , fans avoir autant de longueur. Ce qui oblige à lui donner
de fortes dimenfions , c'eft qu'il a les plus grands efforts à foutenir , non pas
à caufe de la grandeur d'action du vent fur les voiles , mais de la part des autres mâts verticaux auxquels il fert d'appui effentiel. Si ceux-ci fe maintiennent conftamment dans une pofition verticale , c'eft que le beaupré par fa
réfiftance & fa folidité abforbe en partie l'effet des puiffances qui tendent à
les abbatre. Si on veut fe convaincre de la néceffité & de l'importance de ce
mât , relativement au foutien des autres mâts , il faut jetter les yeux fur la
Figure 3. Le bas-mât d'artimon eft retenu par l'étai *m m'*. Cet étai eft un gros
cordage qui embraffe la tête du mât , & dont l'autre extrémité eft folidement liée au grand mât , près du pont. Le grand mât eft retenu par un étai

a c d, qui embraſſe par une de ſes extrémités la tête de ce mât, & vient le brider en *a* avec un autre cordage nommé *Collier*, dont les branches paſſent de chaque côté du mât de miſaine pour venir embraſſer la courbe de capucine. Le mât de miſaine eſt auſſi ſoutenu par un étai *g g'* qui embraſſe par un bout la tête de ce mât, & dont l'autre extrémité eſt liée étroitement au beaupré en *g'*. Les mâts partiels, tels que les mâts de hune & de perroquet, ſont retenus ou directement ou indirectement par ce mât de beaupré. Le grand mât de hune a un étaï, dont l'extrémité eſt attachée à la tête du mât de miſaine. L'étai du petit mât de hune eſt lié en *i* au beaupré. L'étai du mât de perroquet de fougue aboutit à la tête du grand mât, & celui du mât de perruche s'amarre à la tête du grand mât de hune. Celui du grand mât de perroquet deſcend à la tête du petit mât de hune, & celui du mât de petit perroquet eſt lié au boute-hors de beaupré. On voit, par conſéquent, que ſi le beaupré étoit détruit à la mer par quelque accident, les mâts qui ſont ſoutenus immédiatement par ce mât ne pourroient plus conſerver leur ſituation verticale avec la ſolidité néceſſaire, & leur chûte ſeroit ſuivie ſans doute de celle des autres mâts partiels qui ſont étayés par les premiers. La dépendance de tous ces mâts verticaux eſt donc bien établie relativement au beaupré. Ce mât eſt auſſi fixé ſolidement ſur l'avant du vaiſſeau, & ſon importance lui a fait aſſigner de fortes dimenſions, afin qu'il ſoit ſuſceptible de la plus grande réſiſtance.

Les Marins ſe ſont bornés à n'établir que ces quatre mâts ſur les plus gros vaiſſeaux. De très-petits bâtiments en portent cependant un nombre égal; mais alors leurs voiles ont bien moins d'étendue. La multiplicité des mâts, dans de petits bâtiments, rend la manœuvre trop difficultueuſe & trop embarraſſée. C'eſt auſſi la commodité dans ce genre & la foible quantité de voiles néceſſaires à ces petits bâtiments qui ont fait réduire le nombre de leurs mâts à deux mâts verticaux, & même à un ſeul avec un beaupré. Trois mâts ſeroient trop preſſés, trop ſerrés, & la voilure convenable ſeroit diſperſée en un trop grand nombre de voiles; ce qui exigeroit pour les manœuvres & plus de temps & plus de bras. Toutes les raiſons qui permettent de donner trois mâts aux grands vaiſſeaux dont les équipages ſont nombreux, & dont la longueur eſt conſidérable, réduiſent donc les petits bâtiments à porter un plus petit nombre de mâts.

§. II.

LE choix des places convenables aux différents mâts d'un vaiſſeau eſt d'autant plus difficile, que ces mâts ſont en moindre nombre. Des voiles portées par pluſieurs mâts peuvent être miſes en équilibre ſoit avec elles-mêmes, ſoit avec la réſiſtance de l'eau, quelle que puiſſe être la direction de cette derniere;

mais un feul mât fur un vaiffeau n'a pas une pofition arbitraire, parce qu'un vaiffeau fuit plus fouvent une route oblique à fa quille, qu'une route directe. Dans une route oblique quelconque, le mât unique d'un bâtiment devroit être placé dans le point où la longueur du vaiffeau eft coupée par la direction relative horifontale de la réfiftance de l'eau ; & c'eft autour de ce point que les voiles de différents mâts doivent être mifes en équilibre. Ces principes fondamentaux qui doivent fervir à déterminer le lieu d'un mât quelconque, font plus aifés à énoncer, que faciles à mettre en exécution. Il eft prefque impoffible d'affigner la direction de la réfultante du choc de l'eau ; car la forme de la proue d'un bâtiment n'a pas encore une courbure qui foit affujettie à certaines loix précifes, & on pourroit même avancer qu'entre tous les vaiffeaux qui ont été conftruits jufqu'à préfent, il n'en eft peut-être aucun dont la proue fût d'une forme parfaitement connue du Conftructeur qui en traça le plan. Les lignes d'eau d'un vaiffeau font tracées fans aucunes loix ; &, dans l'exécution des plans, cette partie du vaiffeau qui regne depuis le dernier couple de l'avant jufqu'à l'étrave, ne reçoit fa forme que des mains des Charpentiers qui la déterminent fuivant leur goût, & fur-tout fuivant la courbure des liffes. Cette courbure n'eft affervie à aucune regle, & elle n'eft dépendante que du degré plus ou moins grand de la flexibilité des bois qu'on emploie pour former les liffes. Ces confidérations fuffiroient feules, fans doute, pour démontrer que dans l'état où fe trouve aujourd'hui l'Architecture Navale, il eft prefque impoffible qu'un Ingénieur-Conftructeur, avant la conftruction d'un vaiffeau, détermine avec exactitude la pofition de la réfultante du choc de l'eau fur l'avant d'un vaiffeau ; d'ailleurs on ignore fi la réfiftance de l'eau fur l'avant d'un vaiffeau eft la feule impulfion du fluide que reçoive tout le corps d'un bâtiment. Des expériences nouvelles, que j'ai faites au port de Rochefort, concourent à prouver que des variétés dans la forme de l'arriere d'un même vaiffeau, modifient étrangement & très-fenfiblement les réfiftances qu'un tel vaiffeau éprouve lorfqu'il eft follicité au mouvement par les mêmes puiffances ; j'ai même remarqué que plus il y avoit de douceur dans les contours des lignes d'eau confidérées depuis le maître couple jufqu'à l'étambot, & moins un tel bâtiment éprouvoit de réfiftance contre les effets des caufes propres à lui communiquer du mouvement. Ainfi, dans l'état actuel des Sciences & de l'Art de la conftruction, il ne faut donc pas efpérer qu'on puiffe déterminer pour les routes obliques, la place que devroit occuper le mât unique qu'on donneroit à un vaiffeau. Dans les routes directes le choix de cette place feroit affez arbitraire, parce que la direction de la réfiftance eft néceffairement alors dans le plan diamétral du vaiffeau. Mais comme un vaiffeau ne peut fuivre que rarement une route directe, la recherche de la pofition de la réfultante du choc de l'eau dans toutes fortes de routes, devient très-intéreffante & très-néceffaire.

néceſſaire. On évite ce que cette recherche peut préſenter de difficultueux, en donnant pluſieurs mâts à un vaiſſeau, & on le fait d'autant plus aiſément que cette multiplicité de mâts produit d'autres avantages très-précieux pour la navigation. A l'aide du beaupré & de l'artimon il eſt facile, dans tous les cas & pour toutes les routes, ſoit en augmentant, ſoit en diminuant les voiles de l'un ou l'autre de ces mâts, d'établir & de maintenir l'équilibre néceſſaire autour de ce point ignoré dont nous avons parlé ci-deſſus. Un léger tâtonnement, & une grande pratique de la mer font bientôt trouver aux Marins cette combinaiſon de voiles propre à maintenir un vaiſſeau ſur une route conſtante & déterminée.

Quoiqu'il y ait pluſieurs ſituations à donner à trois forces en, rempliſſant toujours la condition, qu'elles ſoient conſtamment en équilibre, & que leur réſiſtance paſſe par un point déterminé; cependant dans toutes ces combinaiſons de poſitions, il regne néceſſairement des rapports, entre les diſtances qui ſéparent ces forces. Ainſi, dans un vaiſſeau, les intervalles des mâts doivent être proportionnés & à leur voilure & à leur éloignement du centre par lequel doit paſſer la réſultante de l'effort de toutes les voiles. L'expérience, bien mieux que la théorie, a fait connoître que les divers mâts d'un vaiſſeau ne devoient pas avoir une voilure égale. Le grand mât & le mât de miſaine ſemblent être ſeuls chargés de toute la voilure néceſſaire au ſillage d'un vaiſſeau. Le beaupré & l'artimon, quoique chargés de pluſieurs voiles, ne paroiſſent pas contribuer au ſillage comme les deux autres mâts; on diroit même qu'ils ne ſont conſacrés particulierement qu'à faciliter les évolutions d'un vaiſſeau, & à maintenir l'équilibre des voiles & de la réſiſtance de l'eau. Dans tout vaiſſeau le grand mât & celui de miſaine ſont extrêmement élevés relativement à l'artimon, & ils ſont faits pour porter de très-grandes voiles depuis leur ſommet juſqu'au niveau des ponts, lorſque l'état du vent peut le permettre. De ſorte qu'il y a une inſériorité & une différence très-grandes entre l'effort réuni des mâts d'artimon & de beaupré, & celui des deux autres mâts.

Cette différence de voilure que nous ferons connoître plus particuliérement ailleurs, a été reconnue & appréciée par les Marins obſervateurs & inſtruits par une longue pratique. Elle a donc été établie comme un principe fondamental de mâture, en ſuppoſant toutefois que les différents mâts euſſent telle place déterminée ſur la longueur d'un vaiſſeau. On a donc reçu dans la Marine une regle générale qui a pour objet la place préciſe des mâts, & qui eſt ſuivie avec l'exactitude la plus ſcrupuleuſe. Le mât de miſaine eſt ſitué au $\frac{1}{9}$ de la longueur du vaiſſeau, en comptant depuis l'étrave. Le grand mât eſt un peu en arriere du milieu de cette longueur, & cet éloignement du milieu $\frac{1}{36}$ de cette longueur : enfin le mât d'artimon eſt placé à une diſtance de l'étambot égale au $\frac{1}{7}$ de la longueur totale.

MASTURE.

C

Ces places que l'expérience affigne aux mâts, & cette différence énorme qui regne entre leur voilure, annoncent affez que néceffairement la réfultante de l'impulfion du vent fur les voiles de tous ces mâts, doit néceffairement, dans les routes obliques, paffer en avant du milieu du vaiffeau. Par conféquent la direction de la réfultante du choc de l'eau fur tout le corps d'un vaiffeau, qui doit être également éloignée de la verticale du centre de gravité, paffe auffi en avant du milieu du vaiffeau, quelle que foit la forme de fa carene. C'eft la pofition de cette derniere réfultante qui a obligé les Marins guidés par la feule pratique de porter toute la force de la voilure d'un vaiffeau en avant de fon centre de gravité. Ils n'ont pas connu cette pofition, mais ils ont combiné leurs voiles, comme les circonftances paroiffent l'exiger.

C'eft autour du point où la réfultante du choc de l'eau coupe la longueur du vaiffeau, que les efforts de chaque mât doivent être en équilibre. Ces efforts doivent donc être entre eux en raifon inverfe de la diftance de ces mâts à ce point d'interfection, & c'eft d'après un tel rapport que la voilure du mât de mifaine étant très-étendue, ainfi que celle du grand mât, le mât d'artimon ne peut, au contraire, porter qu'un petit nombre de voiles. Le beaupré par fa voilure établit enfin un équilibre qui ne regne pas toujours parfaitement entre les efforts réunis du grand mât & du mât d'artimon, & l'effort du feul mât de mifaine.

Toutes les raifons qui viennent d'être détaillées, ont feules concouru à faire établir entre les mâts d'un même vaiffeau des différences qui femblent confacrées par une pratique conftante. La grande voilure affignée & au grand mât & au mât de mifaine, oblige de donner à ces mâts des dimenfions bien fupérieures à celles du mât d'artimon deftiné à porter peu de voiles. L'artimon eft donc toujours un foible mât relativement aux deux autres mâts verticaux, & le beaupré même ne feroit, fans doute, que d'un mince échantillon, fi d'autres raifons énoncées ailleurs ne fe joignoient à ce qu'exige l'effort de fa propre voilure, pour lui prefcrire des dimenfions confidérables. Le diametre de ce mât tient toujours le milieu entre ceux du grand mât & du mât de mifaine, qui font à peu-près égaux.

Jufqu'à préfent nous avons parlé du nombre des mâts d'un vaiffeau, & des points de la longueur où ils doivent être placés. Déja nous avons fait preffentir les différences qui doivent régner entre les diametres des mâts différents d'un même vaiffeau, & pour mieux faire connoître les rapports des groffeurs de ces mâts, il ne nous refte plus qu'à parler de la hauteur qu'on doit donner à la mâture d'un vaiffeau.

La mâture convenable à un bâtiment doit, fans doute, avoir une hauteur déterminée, & les bornes qui lui font prefcrites dépendent fur-tout de la forme de la proue. La figure de l'arriere devroit auffi influer fur cet objet ; mais ce n'eft pas ici le lieu de développer ce nouveau genre de rapport, quelqu'inté-reffant qu'il puiffe être.

Nous avons vu que fi un bâtiment ne portoit qu'un feul mât, ce mât devoit néceffairement occuper une place déterminée fur la longueur de ce bâtiment. La hauteur d'un tel mât eft auffi fixée par des confidérations & des raifonne-ments à peu-près femblables. Le point où la réfultante relative horifontale de la réfiftance de l'eau coupe la longueur du vaiffeau, eft le lieu convenable à ce mât unique. De même fi on imagine une ligne verticale menée par le centre de gravité d'un vaiffeau, le point où cette verticale eft coupée par la direction de la réfultante abfolue de la réfiftance de l'eau, eft le terme de la hauteur du centre d'effort de la voilure. C'eft dans un tel point que doivent fe réunir les efforts partiels de toutes les voiles de ce mât unique. La hauteur de ce point fert à déterminer celle du mât, pourvu que la forme de fa voilure foit déja fixée. On donne à ce point le nom de *Point vélique.*

C'eft en rempliffant exactement une telle regle de mâture, que jamais un bâtiment ne peut perdre cette affiette horifontale, qui eft fi néceffaire à fa fûreté & au développement de toutes fes bonnes qualités. Mais cette regle eft auffi difficile à exécuter, que celle qui fixe la place du mât unique d'un vaif-feau. La pofition de la réfultante relative horifontale de la réfiftance de l'eau, eft dans le même plan que la direction de la réfultante totale ; ainfi ce que nous avons dit fur la difficulté d'affigner la fituation de la premiere, s'applique immédiatement à la recherche de la réfiftance totale.

La hauteur du point vélique devroit changer fuivant les routes que fuit un vaiffeau, parce que la direction de la réfiftance n'eft pas toujours également inclinée à l'horifon. Cette hauteur calculée pour la route directe peut être très-confidérable, parce que la ftabilité du vaiffeau relativement à l'axe de lar-geur étant très-grande, elle s'oppofe avec fuccès aux inclinaifons que l'effort modéré des voiles tend à produire autour de ce même axe. Dans les routes obliques l'axe du vaiffeau, autour duquel l'effort des voiles follicite l'incli-naifon du vaiffeau, ne jouit pas des mêmes avantages que l'axe de largeur ; & la ftabilité à l'égard de ce premier axe n'a pas la même énergie : d'ailleurs la pofition de la réfultante de la réfiftance n'eft pas la même, & de là il fuit qu'un vaiffeau cede néceffairement à la force qui le follicite ; il prend alors une inclinaifon d'autant plus grande, que fa ftabilité eft plus foible, & que fon point vélique eft placé moins avantageufement. Si on vouloit obvier à ces inclinaifons qui peuvent fouvent devenir dangereufes, il faudroit dans un vaiffeau varier la hauteur du point vélique, felon l'exigence des circonftances & la diverfité des routes obliques de ce vaiffeau. Mais la loi de ces changements eft encore inconnue. L'Architecture navale n'eft pas affez perfectionnée pour prefcrire quelle doit être, dans un vaiffeau donné, la pofition du point vélique, relative à chaque route oblique. Elle ne fauroit même affigner la hauteur de ce point convenable à la route directe d'un bâtiment conftruit d'après les plans qu'elle peut produire. Les Marins, dans un tel état d'incertitude, & preffés de fatisfaire à ce qu'exige la fûreté de la navigation, n'ont confulté que leur expérience. Elle a réparé les vuides que laiffoit la théorie imparfaite. Ils ont donc imaginé de donner à chaque mât plufieurs voiles partielles, & de même que la multiplicité des mâts peut les aider à mettre en équilibre & l'effort des voiles & la réfiftance de l'eau, de même auffi la multiplicité des voiles leur permet de modérer les inclinaifons d'un vaiffeau, en fupprimant à volonté l'effet des voiles qui tendent à l'augmenter. Les Marins fe font ainfi procuré les moyens de placer le centre d'effort de toutes les voiles à une hauteur convenable aux circonftances. Nous avons vu que chaque mât avoit trois mâts partiels dans un gros vaiffeau, & chacun de ces mâts porte une voile qui peut être déployée ou ferrée à volonté indépendamment des autres voiles. Ils combinent la voilure de tous les mâts d'un vaiffeau, de façon que la réfultante totale paffe par le point vélique qui convient à la route que fuit le vaiffeau.

Dans l'exécution de la mâture d'un vaiffeau, les Marins s'en rapportent entiérement à un Tarif général qu'ils ont formé, & qu'ils fuivent exactement lorfqu'ils veulent déterminer la mâture d'un vaiffeau quelconque. Ce Tarif ne renferme peut-être pas les meilleures proportions de mâture, parce qu'elles ne font pas encore connues; mais il préfente des formules qui jufqu'à préfent ont paru fuffifantes. Le grand défaut qu'on puiffe lui imputer, c'eft de n'être calculé que fur la largeur feule d'un bâtiment: ainfi il affigne la même mâture à plufieurs bâtiments qui, n'ayant de commun que la largeur, different dans les autres dimenfions ainfi que dans la forme de leur carene.

Tels font actuellement les principes fondamentaux de l'Art de la Mâture. Si l'Architecture navale fait des progrès auffi utiles que néceffaires, & fi les loix de la réfiftance de l'eau, viennent à être mieux connues, on verra enfin difparoître ces Tarifs généraux qui n'ont d'autres fondements qu'une pratique aveugle, & que les Marins placent à préfent au rang des collections les plus précieufes.

Nous allons faire connoître cette Table qui eft aujourd'hui le feul guide des Ingénieurs & des Marins. On faura auparavant que les longueurs des mâts font eftimées en longueur du maître-bau. Le maître-bau eft, en d'autres termes, la largeur du vaiffeau. Les groffeurs des mâts ou leur diametre ont un

rapport

rapport déterminé avec leurs longueurs. Nous nous contentons de préfenter dans la Table fuivante, le plus petit & le plus grand diametre d'un mât: nous renvoyons à un autre Chapitre, le détail des regles en ufage pour déterminer & la forme d'un mât & la gradation que l'on établit entre les divers diametres correfpondants aux différents points de fa longueur.

Il devient néceffaire d'ajouter encore quelque explication utile à l'intelligence entiere de la Table fuivante : on fait d'avance qu'un mât total eft compofé de plufieurs mâts partiels ; mais il ne faut pas imaginer que leurs longueurs partielles réunies enfemble, donnent exactement la longueur totale d'un mât : cette fomme feroit trop confidérable ; ces mâts partiels ne font pas ajoutés bout à bout. Lorfque (*fig.* 4.) le bas-mât *B A* a été fixé dans fa pofition verticale fur un vaiffeau, le mât de hune *M R* qui doit devenir par fa longueur un fupplément à celle du bas-mât, ne le furpaffe pas de toute fa longueur. Une partie extrême *O M* du mât de hune eft unie étroitement à une partie extrême *B C* du bas-mât : ainfi le mât de hune ne s'éleve réellement au-deffus de la tête du bas-mât que de la quantité *O R.* Cette partie *B C* du mât inférieur, eft nommée le Ton de ce mât. Cet affemblage *B C O M*, eft néceffaire à la folidité de l'établiffement du mât de hune. Le mât de perroquet eft lié de même au mât de hune qui a un ton convenable. La longueur du ton d'un mât, n'eft pas proportionnée à celle du mât élevé, mais à celle du mât inférieur ; c'eft auffi ce que la Table fuivante fait connoître. Cet éclairciffement que je joins ici, devient néceffaire, lorfque d'après la Table fuivante on veut calculer la hauteur réelle d'un mât total au-deffus du niveau de la mer : cependant dans un tel calcul, il faut remarquer que le grand mât & le mât de mifaine defcendent jufqu'à la carlingue du vaiffeau où leur pied repofe, tandis que le pied du mât d'artimon s'appuie fur le premier pont. C'eft avec ces confidérations qu'on détermine aifément la hauteur réelle que la pratique affigne à chaque mât d'un vaiffeau donné.

DESCRIPTION

DIMENSIONS des Mâts d'un Vaisseau.

Longueur.	Grand Diametre.	Petit Diametre.	Longueur du Ton.	REMARQUES.
$2\frac{1}{2}$ Baux.	$\frac{1}{18}$ de la longueur du mât.	$\frac{2}{3}$ du grand diametre.	$\frac{1}{9}$ de la longueur.	**GRAND MAT.** **I. Bas-Mât.** 1°. LA longueur de ce mât est comptée de dessus la quille; & comme son pied ne peut reposer que sur la carlingue, la hauteur réelle de ce mât est moindre, que celle donnée par ce tarif, de toute la hauteur, soit de la varangue soit de la carlingue. 2°. LE grand diametre de ce mât doit être placé de façon qu'il se trouve un peu au-dessus du pont ou entre les deux premiers ponts lorsqu'il y en a plusieurs. 3°. LE lieu de ce mât est en arriere du milieu du vaisseau, à une distance égale au $\frac{1}{72}$ de la longueur totale du vaisseau plus le demi-diametre du mât. 4°. CE mât est situé perpendiculairement à la quille.
$2\frac{1}{2}$ Baux.	$\frac{7}{288}$ de la longueur de ce mât.	$\frac{7}{12}$ du grand diametre.	$\frac{1}{10}$ de la longueur du mât.	**II. Grand Mât de Hune.** 1°. CE mât est placé en avant du bas mât, & il l'élonge à peu près du tiers de sa longueur. 2°. SON grand diametre correspond à l'extrémité du ton du bat-mât, & son petit diametre est à l'extrémité supérieure.
$\frac{30}{48}$ du bau.	$\frac{1}{48}$ de la longueur de ce mât.	$\frac{1}{3}$ du grand diametre.	$\frac{1}{3}$ de la longueur.	**III. Mât de grand Perroquet.** 1°. AUTREFOIS la longueur de ce mât n'étoit que les $\frac{1}{2}$ du bau; aujourd'hui les perroquets des vaisseaux ont de longues fleches, & suivant le stile des marins, leur longueur, moins le ton, est égale à la moitié plus au 8e. du bau. 2°. CE mât est placé en avant du mât de hune. 3°. SON grand diametre correspond au bout du ton du mât de hune, & son petit diametre est au bout supérieur de ce mât.
$2\frac{1}{2}$ Baux, moins le ton du grand mât.	$\frac{1}{18}$ de la longueur de ce mât.	$\frac{2}{3}$ du grand diametre.	$\frac{1}{9}$ de la longueur de ce mât.	**MAT DE MISAINE.** **I. Bas-Mât.** 1°. MALGRÉ la regle générale qui fixe des bornes à la longueur de ce mât, on suit cependant, dans la pratique, une autre regle. Jamais le bas-mât de misaine n'est de la longueur prescrite par le tarif, parce que cette longueur est comptée de dessus la quille, & que le pied de ce mât repose nécessairement sur le massif placé sur la carlingue, qui, elle même, a certaine hauteur au dessus de la quille. Toutes ces hauteurs doivent donc être soustraites de la longueur assignée par la table, lorsqu'on veut fixer la longueur vraie du bas-mât de misaine. L'usage consiste même uniquement à faire ensorte que ce bas-mât étant placé sur le vaisseau, l'extrémité de son ton réponde exactement au $\frac{1}{3}$ de la longueur du ton du grand mât en comptant de l'extrémité supérieure de ce mât. Cette derniere regle est suivie plus généralement. 2°. LE point qui répond au $\frac{1}{9}$ de la longueur du vaisseau, à compter de l'étrave, détermine la position du bas-mât de misaine. Le centre de ce mât est placé en arriere de ce point à une distance égale à son demi-diametre. 3°. LE mât de misaine est réellement vertical. Le reste est comme au grand mât. **II. Petit Mât de Hune.** CE mât est absolument égal au grand mât de hune. Autrefois il n'en différoit que des $\frac{1}{3}$ du ton, & on a jugé à propos d'anéantir cette différence.

REMARQUES.	*Longueur.*	*Grand Diametre.*	*Petit Diametre.*	*Longueur du Ton.*
III. *Mât de petit Perroquet.* 1°. Le grand diametre de ce mât correspond au bout du ton du mât de hune. 2°. Le ton de ce mât porte aussi le nom de fleche.	$\frac{2}{5}$ du bau.	$\frac{1}{48}$ de la longueur.	$\frac{1}{4}$ du grand diametre.	$\frac{1}{3}$ de la longueur du mât.
Mat d'Artimon. **I.** *Bas-Mât.* 1°. Son pied repose sur le premier pont, & il ne s'éleve qu'à une hauteur déterminée par un usage constant. Placé sur le vaisseau, il faut que le sommet de ce mât soit de niveau avec la naissance du ton du grand mât. 2°. Son grand diametre est placé au-dessus du gaillard. 3°. Le point éloigné de la perpendiculaire de l'étambor, de $\frac{1}{2}$ de la longueur du vaisseau, détermine la place de ce mât. Son centre est toujours en avant de ce point, a une distance égale au demi-diametre du mât. 4°. Ce mât est perpendiculaire à la quille.	$1\frac{1}{4}$ Baux.	$\frac{7}{188}$ de la longueur.	$\frac{2}{15}$ du grand diametre.	$\frac{1}{16}$ de la longueur.
II. *Mât de Perroquet de Fougue.* 1°. Autrefois la longueur de ce mât n'étoit que les $\frac{14}{15}$ du bau. 2°. Les diametres sont placés comme dans les autres mâts.	1 Bau.	$\frac{7}{188}$ de la longueur de ce mât.	$\frac{5}{12}$ du grand diametre.	$\frac{1}{16}$ de la longueur du mât.
III. *Mât de Perruche.* Tous les mâts d'artimon des vaisseaux n'ont pas des mâts de perruche. On y supplée, en donnant au perroquet de fougue une fleche d'une longueur égale à celle du mât de perruche.	$\frac{1}{2}$ Bau.	$\frac{1}{48}$ de la longueur.	$\frac{1}{3}$ du grand diametre.	$\frac{1}{3}$ de la longueur.
Mât de Beaupré. 1°. La partie de ce mât, saillante en avant & en dehors du vaisseau, est d'une longueur égale à celle du bau. Le point de l'étrave qui fixe la sortie du bâtiment, est au niveau du seuillet, de la 2°. batterie lorsqu'il y a plusieurs ponts, ou de la première s'il n'y a qu'un pont. 2°. Son pied repose sur le premier pont en avant, auprès du mât de misaine. 3°. Son grand diametre correspond à l'étrave ou aux $\frac{2}{3}$ de la longueur. 4°. Son inclinaison à l'horison est de 35°, dans les vaisseaux, & de 15°, ou 20°, dans les petits bâtimens, parce que les focs sont plus grands relativement dans ces derniers : si dans les vaisseaux & les frégates ce mât a une plus grande inclinaison, c'est qu'alors les grands mâts verticaux sont bien mieux soutenus à l'aide de leurs étais. Ainsi le pied de ce mât est plus ou moins élevé sur le pont qui le soutient, à l'aide de quelques morceaux de bois, de façon qu'il soit placé suivant l'inclinaison prescrite.	$1\frac{2}{3}$ Baux.	La demi somme des grands diametre, du grand mât & du mât de misaine.	$\frac{1}{2}$ grand diametre.	$\frac{1}{13}$ de la longueur du mât.
Bâton de Foc. 1°. La saillie au-delà du beaupré est tantôt le $\frac{1}{2}$ & tantôt les $\frac{2}{3}$ de sa longueur, parce que suivant le besoin d'éloigner le grand foc, on pousse le boute-hors plus ou moins en avant. 2°. Son plus grand diametre est aux $\frac{2}{3}$ de sa longueur, en comptant depuis la pomme.	1 Bau.	$\frac{1}{48}$ de la longueur.	$\frac{4}{7}$ du grand diametre.	(terminé par une pomme).

REMARQUES servant de supplément à cette Table.

1°. Tous les bâtimens portent à l'arriere un mât de pavillon. Il est placé au couronnement, & il sert à soutenir le pavillon de la nation. Sa longueur est celle du bau. Son grand diametre est $\frac{1}{72}$ de la longueur, & le petit diametre est la moitié du grand.

2°. Les temps d'hiver ne permettant pas ordinairement l'usage des voiles de perroquet, alors on remplace les mâts de perroquet par des bâtons d'hiver dont les dimensions sont moitié de celles des mâts dont ils occupent la place.

3°. Les petits bâtimens tels que les Senauts, les Brigantins, les Goëlettes, les Bateaux & les Barques, ne sont pas mâtés de la même maniere que les grands vaisseaux. Un senaut, tel qu'on le voit dans la figure 5°. est un bâtiment à deux mâts, ainsi que le brigantin de la figure 6. Mais il est des différences considérables entre les voilures & même les mâtures de ces bâtimens. Le senau a des voiles de même forme que celles des grands vaisseaux sans en avoir le même nombre. A l'arriere de son grand mât, on voit un petit mât qui regne parallélement au bas-mât du grand mât, & qui sert à porter une voile presque semblable à l'artimon des vaisseaux. Cette voile, ni ce petit mât ne se trouvent pas dans le brigantin, qui d'ailleurs dans sa voilure ne differe des vaisseaux que par une voile dont la forme est un quadrilatere, & qui est portée pas le bas-mât de son grand mât. Les grands mâts de ces deux espéces de bâtimens sont placés en arriere du milieu de leur longueur à une distance égale à $\frac{1}{18}$ de la longueur totale. Les mâts de misaine sont situés comme dans les vaisseaux. On varie beaucoup les inclinaisons du beaupré. Les goëlettes ont deux mâts, *figure* 7°, & leurs voiles sont différentes de celles des vaisseaux. Le grand mât est placé en arriere du milieu de la longueur, à une distance égale au $\frac{1}{11}$ de la longueur totale de ces bâtimens. Il n'est pas perpendiculaire à l'horison, & son inclinaison sur l'arriere est de 86°. Le mât de misaine est éloigné de l'étrave de $\frac{1}{8}$ de la longueur, & il est perpendiculaire à la quille. Le beaupré est incliné à l'horison de 24°.

Les barques qui n'ont qu'un mât vertical, ont aussi un beaupré incliné à l'horison sous un angle de 19°; leur mât est placé au milieu de la longueur totale.

Le mât des bateaux est placé au $\frac{1}{5}$ de la longueur totale, & son inclinaison à l'horison est de 74°, en arriere. Le beaupré est incliné de 19°. *figure* 8.

Il seroit trop long de faire l'énumération d'une foule de petits bâtimens dont la mâture semble ne suivre aucune regle. Chaque Marin la fixe à son gré & suivant son caprice; & les détails de toutes ces pratiques arbitraires seroient plus ennuyeux qu'ils ne sont intéressants.

Tel est le Tarif de la Mâture, & telle est la source où les Marins puisent les connoissances des dimensions qu'on doit donner aux mâts d'un bâtiment quelconque. Quoique l'expérience ait servi de base à ce Tarif, cependant un vaisseau mâté d'après les proportions générales qu'il renferme, n'a pas la mâture la plus parfaite & la plus convenable. Un vaisseau ainsi mâté garde rarement à la mer une situation droite, la seule qui lui permette de naviguer avec des lignes d'eau, telles qu'elles ont été calculées par le Constructeur. Souvent l'inclinaison produite par l'effort des voiles, est portée si loin qu'il faut alors diminuer la voilure élevée, & abaisser ainsi autant qu'il est nécessaire, le centre d'effort des voiles, jusqu'à ce qu'aucun accident ne menace le vaisseau incliné. La Figure 9 représente un vaisseau à la bande, & chargé par l'impulsion d'un vent frais. Son inclinaison est médiocre, parce que ses perroquets sont serrés, & que le centre de voilure est abaissé proportionnellement au défaut d'action de ces voiles hautes. Les grandes inclinaisons d'un vaisseau de guerre, quoiqu'elles ne menacent pas d'un danger trop pressant, sont cependant accompagnées de très-grands inconvénients : alors les sabords de la premiere batterie ne peuvent plus s'ouvrir, & le service de ses canons devient impossible d'un côté. Cette circonstance rend un bâtiment bien plus foible, & moins redoutable pour l'ennemi qui peut l'attaquer.

Pour obvier à ces inconvénients, & pour réparer les défectuosités de la science de la mâture, ainsi que pour assurer une belle batterie à un vaisseau, malgré le moment dangereux de ces voiles, on s'applique à lui donner la plus grande stabilité, autant toutesfois que d'autres qualités essentielles peuvent le permettre. Dans l'état actuel des choses, on cherche moins à conserver la hauteur nécessaire à la batterie d'un vaisseau, par les soins qu'on pourroit prendre de perfectionner l'Art de la Mâture; mais on remédie à tout en donnant beaucoup de fort au corps d'un vaisseau, & une grande surface à sa ligne de flottaison. Ces moyens d'éluder les difficultés sont les seuls

connus

connus & les feuls pratiqués. Ainfi d'après ces confidérations & ces arrangements, on s'en tient exactement & exclufivement au Tarif de Mâture donné précédemment. Il eft l'ouvrage de l'Art, il eft le fruit d'une longue expérience; & à ces titres, il confervera la confiance des Marins jufqu'à ce que la théorie perfectionnée puiffe le remplacer par des regles plus exactes & plus sûres.

Ce Tarif général ne préfente ces dimenfions abfolues des mâts d'un vaiffeau, qu'en fuppofant tacitement que la voilure eft d'une forme déterminée & convenue. En effet, nous avons expofé plus haut que fi la mâture devoit être fixée dans fa hauteur par la pofition du point vélique, il y avoit une infinité de formes à donner à la voilure, telles cependant que jamais ce point vélique ne peut changer de place. La direction de la réfiftance de l'eau, décide du lieu du point vélique; mais la forme de la voilure éloigne ou reftraint les bornes prefcrites à la hauteur réelle de chaque mât. C'eft pourquoi les régles générales établies dans la table précédente, ne font fondées que fur une certaine combinaifon de voiles d'une forme déterminée. Les Marins fe font fixés à un feul genre de voilures; & c'eft d'après une telle convention qu'ils ont fixé & la hauteur réelle des mâts & leurs groffeurs abfolues. Les Figures 10, 11 préfentent la forme adoptée de la voilure d'un vaiffeau; on y voit que les voiles diminuent de largeur à mefure qu'elles s'élevent au-deffus de l'horifon; & que la plus grande partie de la voilure totale eft portée par le grand mât & celui de mifaine. Les voiles de ces mâts ont les plus grandes dimenfions. Elles font au nombre de trois fur chaque mât, fans parler de celles qui leur font ajoutées, lorfque le beau temps le permet. Chaque voile eft portée par chaque mât partiel, & elles prennent le nom de mâts partiels. Non-feulement les voiles du grand mât font les plus larges, elles font auffi les plus hautes; auffi ces deux mâts font-ils de tous les mâts les plus gros & les plus élevés. Les mâts partiels qui les compofent ont par conféquent de fortes dimenfions, & leur force eft proportionnée à l'étendue des voiles qu'ils foutiennent. La voile du bas-mât a plus de furface que la voile du mât de hune, qui elle-même eft plus étendue que la voile de perroquet. Toutes ces voiles ont la forme de trapezes, & leurs différences précifes ne feront pas expofées ici. Il fuffit d'annoncer que les différences exiftent, & que, fixées par une pratique conftante, elles fervent à décider de la hauteur réelle des mâts.

Sans doute, on auroit pu affigner à un mât quelconque des voiles dont la largeur fût toujours égale dans toute l'étendue de leur hauteur, mais alors la hauteur abfolue de ce mât n'auroit pas été auffi confidérable; & les Marins penfent qu'il eft préférable de donner beaucoup d'élévation à la voilure, en la diminuant cependant de façon que les mâts confervent une

MATURE.   E

solidité néceſſaire, & que la poſition du point vélique n'éprouve aucun chan- gement. Ils jugent avec raiſon que dans une maſſe d'air en mouvement telle que le vent, les filets du courant d'air les plus élévés au-deſſus de la ſur- face de la mer doivent avoir un cours plus libre, & par conféquent plus prompt que les filets inférieurs. La vîteſſe de cet air qui raſe la ſurface de l'eau & des vagues, doit être rallentie & par le frottement & par le choc périodique des ondes qui s'élevent, & qui s'abaiſſent alternativement. Ce retardement de vîteſſe doit ſe communiquer de bas en haut ; & par confé- quent, on ne peut s'empêcher de regarder le cours de l'air placé au-deſſus de l'eau, comme étant le plus vif & le plus rapide. C'eſt donc pour profiter de cet air qui a plus de vîteſſe, que les Marins ont aſſigné à leurs mâts une plus grande hauteur, en s'aſſerviſſant à diminuer à proportion l'étendue des voiles les plus élevées. Par ce moyen, le point vélique ne change pas de poſition, & en conſervant la même voilure, on obtient une impulſion plus grande de la part de l'air. Telles ſont les raiſons générales qui ont déterminé les Marins à adopter la forme de voilure que nous avons fait connoître plus haut.

C'eſt la longueur des mâts & la forme des bois employés à les former qui décident de la grandeur de leurs diametres. Le plus grand diametre d'un mât quelconque doit être calculé d'après la poſition de la puiſſance qui fait effort pour le rompre, & d'après l'intenſité de cette même puiſſance. La hauteur d'un mât eſt déterminée d'après l'impulſion d'un vent modéré, & ſes diametres ſont auſſi proportionnés à la même impulſion. Les vergues ſou- tiennent les voiles contre les efforts du vent. Chacune eſt liée au mât en un point de ſa longueur ; & c'eſt en ce point que l'effort réſultant de l'impul- ſion du vent ſe communique au mât, le preſſe & le ſollicite à la rupture. Dans l'état actuel de la mâture & de la voilure des vaiſſeaux, un mât a plu- ſieurs voiles, comme il a été dit ci-deſſus ; il a donc pluſieurs voiles, & il eſt ſollité par autant de puiſſances différentes en divers points de ſa longueur. Ainſi la groſſeur d'un bas-mât de grand mât, par exemple, ne peut pas être déterminée, conféquemment au ſeul effort de la baſſe voile & de la poſition de cet effort, parce que les angles inférieurs du grand hunier ſont auſſi re- tenus par la même vergue qui ſoutient la baſſe voile ; par conféquent cette grande vergue communique au bas-mât non-ſeulement l'effort partiel de la voile baſſe, mais auſſi un effort partiel du hunier. La vergue du hunier ſoutient de même une partie des efforts du hunier & du perroquet, & en- fin la vergue de perroquet acheve de preſſer la tête du mât par une partie de l'effort du perroquet. Les efforts de ces voiles, ou plutôt de ces vergues, ſont donc comme autant de puiſſances qui preſſent un mât en divers points de ſa hau- teur. Elles ſe réuniſſent pour produire un effort réſultant qui tend à rompre le mât en certain point qui doit toujours être celui où le mât est lié au vaisseau. C'est en ce dernier point par conséquent que le bas-mât du grand mât doit avoir une grosseur telle qu'il puisse résister à l'effort total résultant de l'impulsion du vent sur chaque voile. Les mâts élevés & partiels, tels que le mât de hune & le mât de perroquet, doivent donc avoir aussi des diametres relatifs aux efforts qu'ils peuvent éprouver. Mais dans tous les calculs des diametres des mâts, c'est sur-tout la qualité des bois employés à la mâture qui doit être consultée. Ainsi il semble qu'il n'appartient qu'à l'expérience seule de dicter la grandeur réelle des diametres des mâts. La théorie peut bien fournir la loi qui doit régner entre les diametres correspondants aux divers points de la hauteur d'un même mât : mais entre tous ces diametres, le plus grand dépend trop de la force des bois, & il faut que l'usage en décide souverainement. Comme dans la Table précédente nous ne voulions faire connoître que la grandeur précise de ces grands diametres, nous avons rapporté ce qui est observé & suivi constamment par les Marins. Ces regles de pratique ont jusqu'ici paru très-suffisantes, & nous croyons que sur cet objet le Tarif présenté mérite quelque confiance.

Voici le moment de parler des vergues : déja nous avons dit que les voiles étant nécessaires au sillage d'un vaisseau, il falloit qu'elles fussent bien déployées, & qu'elles reçussent l'impulsion du vent dans toute leur étendue, en affectant la moindre courbure possible. C'est pour remplir de telles fonctions que les vergues sont placées horisontalement. Les voiles sont attachées le long de ces vergues par différents points de leur largeur. La figure 12 donne une idée de ces moyens pratiqués, employés pour étendre les voiles. On y voit un hunier dont le côté supérieur est lacé avec la vergue, & dont les angles inférieurs sont retenus par des manœuvres aux deux extrémités de la vergue inférieure qui soutient la basse voile. Le côté inférieur de ce hunier n'est pas lacé avec cette derniere vergue comme l'est le côté supérieur avec la vergue qui porte le nom de vergue de hunier.

On distingue dans la garniture d'un vaisseau une grande quantité de vergues de plusieurs grandeurs, & cette multiplicité est produite par la nécessité d'établir plusieurs voiles dans un même bâtiment. Le même mât, comme on voit (*fig.* 10,) porte plusieurs voiles, & par conséquent plusieurs vergues. S'il est des raisons qui autorisent à donner plusieurs mâts à un même bâtiment, il en est aussi qui exigent la multiplicité des voiles portées par un seul & même mât. Sans doute la voilure d'un mât étant donnée de forme & de surface, une seule vergue attachée au haut de ce mât, auroit suffi pour soutenir la voile unique destinée à ce mât ; mais les événements de la mer, la grande courbure d'une telle voile, la force variable des vents, & les différentes stabilités d'un vaisseau suivant différentes routes, n'ont pas permis de ne donner à un mât qu'une voile unique qui eût la surface convenable. La voilure a dû nécessairement être divisée en plusieurs parties, afin que dans l'occasion on n'expose à la fureur du vent que la voilure convenable à la sûreté d'un vaisseau. Lorsque précédemment on a déterminé la hauteur de la mâture, on supposoit tacitement dans cette recherche que le vent qui sollicitoit le vaisseau au mouvement, étoit modéré, constant & uniforme. Dès qu'il devient impétueux, irrégulier & variable, soit dans sa force, soit dans sa direction, dès que la mer s'éleve en vagues considérables, dèslors toutes les relations changent, & le vaisseau ne peut plus porter toutes ses voiles sans courir les risques ou de s'ouvrir ou de perdre sa mâture. Dans de telles circonstances, ce n'est plus le moment d'avoir égard à la hauteur du point vélique, quand même ce point seroit bien connu, parce que la direction de la résistance éprouve des changements étonnants, soit par les différentes inclinaisons du vaisseau, soit par le choc multiplié des vagues. Ainsi dans cette espece de bouleversement de la nature, il n'est plus permis de suivre d'autres regles que celle qui sont dictées par le desir de sa conservation. On lutte contre le vent, on fuit la grosse mer, & on se place dans la situation qui souftrait davantage un vaisseau aux chocs violents & de l'un & de l'autre. On fait alors très-peu de voiles, ou même on n'en déploie aucune si le vent devient trop furieux. La voilure est enfin ordonnée de façon que sa surface soit toujours assortie à l'état du vent & de la mer. Il faut donc qu'elle puisse être variée comme les temps qu'on peut éprouver. La Figure 13 présente un bâtiment essuyant une tempête : sa voilure est, comme on voit, très-peu considérable. Elle le réduit à la seule basse voile de misaine qui est orientée au plus près du vent. Les autres voiles sont exactement serrées; & l'effort de la misaine suffit seul pour maintenir le vaisseau sur une certaine route déterminée, ainsi que pour le soutenir contre le choc d'une grosse mer, & l'empêcher de dériver au gré du vent & des flots. Toutes ces considérations ont concouru à faire établir plusieurs voiles sur un même mât. Si chaque mât n'eût porté qu'une seule voile, alors on eût été obligé de donner à ces mêmes mâts une grosseur bien plus considérable ; car la vergue unique qui eût été placée à la tête de ce mât, auroit eu une grande énergie pour en produire la rupture. Cette raison ou la crainte d'un tel danger, auroit donc fait augmenter considérablement les diametres qui sont actuellement assignés aux mâts des vaisseaux. La distribution de plusieurs voiles sur l'étendue d'un même mât, leurs vergues relatives attachées à différents points de la hauteur d'un tel mât, & par conséquent leur effort particulier appliqué à ces diverses hauteurs, sont suivis de moindres inconvénients. L'effort moyen de toutes les voiles, dans une telle combinaison, est bien moins élevé au-dessus de la mer, qu'il ne le seroit si le mât, avec une voilure égale, ne portoit qu'une

seule

feule & même voile. D'ailleurs, à l'aide d'une telle diftribution ou divifion de voiles, le point vélique peut toujours conferver une place convenable, & enfuite on fe ménage la facilité de donner à un vaiffeau telle voilure que l'état des vents & de la mer peut rendre néceffaire. Si le vent eft modéré & la mer belle, on met toutes voiles dehors; s'il devient un peu trop frais, on ferre les perroquets, & on court fous les quatre voiles majeures. Si fa force augmente encore, on ne fe fert que des baffes voiles, & s'il dégénere en tempête, on met à la cape, en ne confervant qu'une ou deux voiles orientées de façon qu'elles ne reçoivent du vent qu'une très-foible impulfion. Enfin fi ce peu de voiles rifquoit encore d'être emporté, alors on court à fec fans expofer aucune voile à la fureur des vents. Ces détails doivent faire connoître que l'expérience feule a dû & pû régler cette divifion des voiles d'un vaiffeau. La théorie permet à la pratique toutes ces combinaifons afforties aux circonftances, & elle ne l'affujettit, lorfqu'elle fixe l'étendue & la diftribution des voiles, qu'à la confidération intéreffante de la hauteur & de la place du point vélique.

La néceffité d'établir plufieurs voiles fur un vaiffeau, a fait employer plufieurs vergues : cependant toutes les voiles, telles que les focs & les voiles d'étai, ne font pas foutenues par des vergues. Ces voiles triangulaires fervent beaucoup dans les routes obliques & de beau temps: elles font repréfentées dans la Figure 11. Le plan de ces voiles, lorfqu'elles font déployées, eft placé dans le fens de la longueur du vaiffeau. Des manœuvres particulieres attachées au fommet de leurs angles, fervent à les déployer: ces voiles font utiles, & contribuent beaucoup au fillage. Les Figures 9 & 10 font connoître particuliérement les vergues, feul objet dont nous nous occupons actuellement. Le grand mât eft compofé de trois mâts partiels. Il porte auffi & trois voiles & trois vergues. Quelquefois ces vergues font au nombre de quatre, parce que dans les beaux temps, on place au-deffus du perroquet, un autre perroquet volant. Ces vergues font défignées par des noms diftinctifs: la plus baffe 2, fe nomme grand'vergue; la feconde 3, eft la vergue du grand hunier, & 4 eft la vergue du grand perroquet. Telle eft l'énumération des vergues du grand mât. Il en eft de même du mât de mifaine; elles fe nomment vergues de mifaine, vergue de petit hunier & vergue de petit perroquet : ce mât porte auffi dans les climats tranquilles, un petit perroquet volant. La vergue 14 du beaupré eft horifontale comme les vergues dénommées précédemment : elle fe nomme *Vergue de Civadiere*; & la vergue portée par le bâton de foc, eft nommée *Contre-Civadiere*. Le mât d'artimon, le plus bas porte deux vergues; l'une eft nommée *Vergue d'artimon* : elle eft placée différemment de toutes les autres verges : elle eft inclinée à l'horifon, & le plan de fa voile eft fitué dans le fens de la longueur du vaiffeau. Elle

FIG. 11.

eft repréfentée, n°. 13. dans la Figure précédente. L'angle qu'elle fait avec l'horifon eft de 45°. La feconde vergue portée par le bas-mât d'artimon, eft nommée *Vergue barrée* ou *Vergue feche* : ce nom lui eft donné parce qu'elle ne porte aucune voile baffe , & qu'elle ne fert qu'à retenir par fes extrémités les coins inférieurs du perroquet de fougue. Au-deffus de cette vergue, eft celle du perroquet de fougue, & au-deffus de cette derniere, on voit celle de perruche qui eft liée au mât partiel de même nom.

Dans l'énumération de toutes ces vergues, on peut encore inférer les boute-hors qui font réellement des efpeces de vergues : fi on confulte la Figure FIG. 14. 14, on verra l'ufage & la forme des boute-hors. Cette Figure préfente le bout d'une grande vergue fur laquelle eft le boute-hors qui , par fa longueur, fert de prolongement à la vergue à laquelle il eft attaché en *a* & en *c*. Cette efpece de vergue eft nommée boute-hors parce qu'elle fert à porter hors du vaiffeau une nouvelle voile qui devient un fupplément à la voilure ordinaire lorfque le vent eft extrêmement foible. Cette voilure fupplémentaire eft repréfentée dans la Figure 10. La grande vergue , celle de mifaine, FIG. 10. celle du grand & du petit hunier ont des boute-hors. Les voiles portées par ces boute-hors font nommées *Bonnettes* : le boute-hors de grand'vergue porte en même temps la bonnette baffe *p* , mais il fert auffi à déployer la bonnette haute *q*. Une autre efpece de boute-hors placé perpendiculairement à la longueur du vaiffeau , accroché aux porte-haubans, fert à étendre le côté inférieure de la bonnette baffe ; ce boute-hors prend ici le nom d'arc-boutant ferré. La bonnette baffe de mifaine eft déployée par des moyens femblables. Le côté inférieur de cette bonnette eft étendu , à l'aide d'un boute-hors nommé *Tangon*, qui ne s'accroche pas aux porte-haubans comme celui de la grande bonnette , mais il repofe dans le fens de la largeur du vaiffeau fur le gaillard d'avant où il eft folidement attaché.

Tous ces boute-hors prennent leur nom des vergues auxquelles ils appartiennent. Ceux des bonnettes de hunier fe diftinguent par les noms de boute-hors de grand & de petit hunier : nous ferons connoître leurs dimenfions dans la Table fuivante des dimenfions des vergues. Nous obferverons feulement que les bonnetes baffes n'ont pas de vergues ; mais les angles de leur côté fupérieur font retenus par des manœuvres dont l'une paffe à l'extrémité du boute-hors, & l'autre fuit la longueur de la vergue, pour aller paffer dans une poulie placée près de la tête du mât. Les bonnettes de hunier ont au contraire une petite vergue qui eft un morceau d'efpare : ces vergues font fufpendues par leur milieu à l'aide d'un cordage ou driffe qui paffe dans une poulie placée à l'extrémité du boute-hors

Les vergues d'un bâtiment ont des longueurs & des groffeurs différentes : leur longueur eft proportionnée à la largeur fupérieure des voiles qu'elles doivent foutenir ; & comme la pratique feule décide de la forme des voiles hautes & baffes, elle a par conféquent fixé indirectement la longueur convenable aux vergues. Quant au diametre principal des vergues, l'expérience a feule fervi à le déterminer. Quelques confidérations générales ont dû cependant entrer dans le calcul des diametres. En effet, une vergue eft faite pour étendre le côté d'une voile ; ce côté eft lacé avec la vergue, & lui eft lié par différents points ; de forte que chaque vergue, foutenant une voile enflée par le vent, peut être regardée comme follicitée en différents points de fa longueur, par autant de puiffances qui tendent à en produire la rupture. C'eft pour empêcher cette rupture que le diametre principal d'une vergue doit être d'une grandeur convenable. La place de ce diametre eft plus aifée à affigner fur la longueur de la vergue, que fa valeur n'eft facile à eftimer. Une vergue eft liée au mât par fon milieu ; ainfi, les efforts de chaque moitié de voile fur chaque demi-vergue, tendent à rompre cette vergue dans le milieu de fa longueur.

C'eft donc au milieu d'une vergue que doit être placé ce diametre principal, dont la grandeur précife eft d'ailleurs dépendante de la force des bois employés à former les vergues. Il eft à propos d'obferver qu'une vergue baffe, par exemple, n'a pas feulement à foutenir l'effort d'une baffe voile, elle éprouve encore en partie l'effort d'une voile haute, c'eft-à-dire, du hunier, dont les coins inférieurs font étroitement liés aux extrémités de cette même vergue, comme on peut le voir *fig.* 10 ; ainfi la baffe voile & le hunier réuniffent leurs efforts Fig. 10. pour produire la rupture de la vergue baffe. C'eft donc à ces efforts réunis qu'il faut oppofer une réfiftance fupérieure, & c'eft dans la force de la vergue qu'elle doit réfider. Le diametre principal d'une telle vergue doit donc être calculé d'après l'intenfité & le moment de ces deux puiffances. Des expériences relatives à la force des bois, & l'eftimation approchée des efforts qu'une telle vergue peut avoir à foutenir, ont décidé des diametres principaux des vergues.

Voici le Tarif des dimenfions des vergues : leur longueur eft eftimée en longueur du maître-bau. Leur groffeur ou leur diametre principal eft relatif à la longueur des vergues. Il y a dans ce Tarif une colonne dont le titre exige une explication ; c'eft celle où font défignées les longueurs des taquets des vergues.

Une vergue deftinée à étendre le côté d'une voile déterminée, a toujours une longueur plus grande que le côté de cette voile. Si on confulte la Figure 15, on verra comment le côté de la voile eft lacé avec la vergue, & comment la vergue excede de chaque côté la largeur de la voile. Cet excédent égal fur chaque extrémité de la vergue fe nomme *Taquets* ; & la colonne de la Table fuivante correfpondante au titre *Taquets*, préfente la fomme des longueurs des deux taquets de chaque vergue. La Figure 12. fait con- Fig. 12.

noître l'ufage de ces taquets: ils font confacrés à recevoir différents cordages néceffaires à la manœuvre des voiles, & fur-tout l'équipage d'une poulie *d* qui fert à roidir la voile fupérieure, & au paffage d'un cordage nommé *Balancine*, employé à foutenir le poids de la même vergue, & à la maintenir horifontale. On verra dans le troifieme Chapitre, les détails relatifs à l'ufage de ces taquets.

DIMENSIONS des Vergues d'un Vaiffeau.

Longueur.	Grand Diametre.	Petit Diametre.	Taquets.	REMARQUES.
2 ½ Baux.	$\frac{1}{48}$ de la longueur	$\frac{2}{3}$ du grand diametre.	$\frac{1}{10}$ de la longueur de la vergue.	**Grand'Vergue.** 1°. Le grand diametre de cette vergue, ainfi que de toutes les vergues horifontales d'un vaiffeau, eft placé au milieu de la longueur, & il regne le long de cette vergue pendant un certain efpace, afin qu'il y ait plus de force au milieu de la vergue. Le petit diametre fe trouve aux deux extrémités. 2°. Cette vergue eft perpendiculaire à la longueur du mât.
3 ¼ Baux.	$\frac{1}{60}$ de la longueur de l'arc-boutant.	$\frac{1}{3}$ du grand diametre.		**Arc-boutant Ferré.** 1°. Le grand diametre eft fitué au $\frac{1}{3}$ de la longueur, & le petit l'eft à l'extrémité de l'arc-boutant. 2°. Il porte à fon gros bout un crochet de fer, par lequel il eft accroché aux porte-haubans du vaiffeau: il s'élance hors du bâtiment en fuivant le prolongement de la largeur, & il foutient par fon extrémité le coin inférieur de la bonnette de grand'voile.
2 ⅓ Baux.	$\frac{1}{60}$ de la longueur.	$\frac{2}{5}$ du grand diametre.		**Grand Boute-hors.** Ce grand boute-hors fert de prolongement, dans l'occafion, à la grand'vergue. Il eft lié à cette vergue, & lorfqu'il eft en fonction ou qu'il porte les bonnettes, le $\frac{1}{3}$ de fa longueur élonge la vergue, tandis que les $\frac{2}{3}$ s'étendent au-dehors du vaiffeau.
1 ¼ Baux.	$\frac{1}{100}$ de la longueur.	$\frac{2}{3}$ du grand diametre.	$\frac{1}{7}$ de la longueur.	**Vergue de grand Hunier.** Cette vergue a auffi un boute-hors, qui, relativement à cette vergue, a les mêmes rapports de dimenfions que ceux du grand boute-hors à l'égard de la grand'vergue.
$\frac{4}{5}$ Bau.	$\frac{1}{80}$ de la longueur.	$\frac{2}{3}$ du grand diametre.	$\frac{1}{8}$ de la longueur.	**Vergue de grand Perroquet.**
$\frac{3}{5}$ Bau.	$\frac{1}{65}$ de la longueur.	$\frac{2}{5}$ du grand diametre.	$\frac{1}{12}$ de la longueur.	**Vergue de Perroquet volant.** Les vergues de bonnettes font faites fans aucune regle, un morceau d'efpart en fait l'office.
2 Baux.	$\frac{1}{48}$ de la longueur.	$\frac{2}{5}$ du grand diametre.	$\frac{1}{12}$ de la longueur.	**Vergue de Mifaine.** Le grand & le petit diametre font placés comme ceux de la grand'vergue. Le boute-hors de cette vergue lui eft proportionné comme le grand boute-hors l'eft à la grand'vergue.
1 ⅓ Baux.	$\frac{1}{60}$ de la longueur.	$\frac{1}{5}$ du grand diametre.		**Tangon.** Le tangon fert à la bonnette de mifaine; comme l'arc-boutant ferré fert à la bonnette de grand'voile. Au lieu d'être accroché aux porte-haubans de mifaine, il repofe fur le gaillard d'avant où il eft fixé folidement.

Vergue

REMARQUES.	Longueur.	Grand Diametre.	Petit Diametre.	Taquets.
Vergue de petit Hunier.	1 ¼ Baux.	$\frac{1}{60}$ de la longueur.	⅖ du grand diametre.	⅐ de la longueur.
Vergue de petit Perroquet.	$\frac{2}{10}$ du Bau.	$\frac{1}{60}$ de la longueur.	⅖ du grand diametre.	⅛ de la longueur.
La vergue du perroquet volant de ce mât a, avec celle du petit perroquet, les mêmes rapports que le grand perroquet volant à la vergue de grand perroquet. *Vergue d'Artimon.* Son grand diametre est placé au ⅓ de sa longueur. Le diametre du gros-bout est celui de l'extrémité inférieure de cette vergue, & le plus petit diametre qui est la moitié du grand, est celui de l'extrémité élevée de cette vergue.	2 Baux.	$\frac{1}{60}$ de la longueur.	(Diametre du gros-bout.) ⅕ du grand diametre.	12 pouces ou 15 pouces.
Vergue seche ou barrée. Elle a un bout-hors.	1 ⅓ Bau.	$\frac{1}{60}$ de la longueur.	⅔ grand diametre.	$\frac{10}{142}$ de la longueur.
Vergue de Perroquet de Fougue.	1 Bau.	$\frac{1}{60}$ de la longueur.	⅓ du grand diametre.	⅛ de la longueur.
Vergue de Perruche.	⅔ Baux.	$\frac{1}{60}$ de la longueur.	⅕ du grand diametre.	½ de la longueur.
Vergue de Civadiere. Cette vergue est égale à celle du grand hunier, & elle est placée aux ⅔ de la longueur du beaupré.	1 ⅓ Baux.	$\frac{1}{60}$ de la longueur.	⅖ du grand diametre.	½ de la longueur.
Vergue de Contre-Civadiere. Elle a les mêmes dimensions que la vergue du grand perroquet.	⅘ Bau.	$\frac{1}{60}$ de la longueur.	⅔ du grand diametre.	⅛ de la longueur.

Je dois joindre aussi à cette Table les dimensions qu'on donne ordinairement aux vergues de quelques Corvettes ou d'autres bâtiments mâtés en Senau. Ces bâtiments ont une fleche de Sénau, telle que nous l'avons décrite précédemment, & telle qu'elle est représentée dans la Figure 5. La vergue FIG. 5. qui sert à étendre le côté supérieur de la voile de Senau est nommée *Corne de Senau*, parce que l'extrémité de cette vergue qui s'appuie sur la fleche de Senau est taillée en croissant, afin qu'elle embrasse exactement le contour de de la fleche. La figure 15 présente la forme d'une corne de Senau. La lon- FIG. 15. gueur de cette corne est égale à celle du bau. Son grand diametre est $\frac{1}{12}$ de sa longueur, & il est placé à l'extrémité de la corne appuyée sur la fleche. Le petit diametre placé à l'autre extrémité est la moitié du grand diametre.

Les Brigantins, les Yachs, les Goëlettes & plusieurs autres petits bâtiments, ont non-seulement, outre la voilure ordinaire, une corne nommée *Pic* dans les bâtiments; mais aussi un gui qu'on peut regarder comme faisant l'effet des arcs-boutants dans les gros vaisseaux. La Figure 6 donne une idée de la voile FIG. 6. à laquelle on adapte un gui & une corne. La corne est *o o*, la voile qui lui est attachée est lacée comme toute autre voile l'est à la vergue. Mais le gui est employé seulement à étendre le côté inférieur de la voile. Comme cette voile eſt ordinairement un quadrilatere, dont le côté inférieur l'emporte de beaucoup ſur le côté ſupérieur, le gui eſt par conſéquent plus conſidérable que la corne. Sa longueur eſt égale à 2 $\frac{1}{2}$ baux. Son grand diametre eſt $\frac{1}{15}$ de ſa longueur, & le petit diametre eſt la moitié du grand. La forme de ce gui eſt telle que ſon grand diametre eſt placé au $\frac{1}{3}$ de ſa longueur.

Il ne ſera pas inutile de parler ici de la mâture des chaloupes, des canots, ainſi que de quelques autres bâtiments. Sur la Méditerranée les voiles triangulaires ſont ſouvent en uſage dans les bâtiments qui ne fréquentent que cette mer. Les Pinques, les Polacres, les Galeres, les Tartanes, &c, portent des voiles latines, & les mâtures de ces bâtiments ſont aſſorties à une telle voilure. Les regles de mâture qui ſont ſuivies généralement dans la pratique, conſiſtent à donner au grand mât une longueur = à 2 $\frac{1}{2}$ baux. Le grand diametre placé au $\frac{1}{3}$ de la longueur eſt le $\frac{1}{75}$ de cette longueur, & le ton eſt $\frac{1}{15}$ de la même longueur. Le mât de miſaine a de longueur les $\frac{7}{8}$ de celle du grand mât. Les diametres ſont calculés de même. Les mâts portent chacun une vergue nommée *Antenne*. On aura une idée & de l'antenne & de ſa poſition, en la comparant à la vergue d'artimon d'un vaiſſeau. La grande antenne a de longueur 4 $\frac{1}{2}$ baux. Son grand diametre placé au $\frac{1}{3}$ de ſa longueur, eſt d'autant de fois 1 ligne 9 points, qu'il y a de pieds dans ſa longueur. Le diametre du petit bout eſt la $\frac{1}{2}$ du grand diametre, & celui du gros bout eſt les $\frac{7}{8}$ du même diametre. L'antenne de miſaine a de longueur autant de fois 10$''$ points 9 lignes, qu'il y a de pieds dans la longueur de la grande antenne. Ses diametres ſont calculés de même.

On mâte ſouvent des chaloupes, & on leur donne une voilure nommée *voilure à Baleſtron*. Il y a deux voilures de ce nom ; mais la mâture eſt la même pour l'une & pour l'autre. Le grand mât a une longueur égale à 2 $\frac{1}{4}$ baux. Son diametre eſt $\frac{1}{75}$ de ſa longueur, & le petit diametre eſt la moitié du grand. Le grand mât eſt placé au milieu de la longueur du canot ou de la chaloupe.

Le mât de miſaine a une longueur égale à autant de fois 10 points 8 lignes, qu'il y a de pieds dans la longueur du grand mât. Ses diametres ſont caculés d'après les mêmes rapports, & ſa place eſt au $\frac{1}{10}$ de la longueur du petit bâtiment.

Les voilures à baleſtron ſont repréſentées dans les Figures 16 & 17. Dans la premiere Figure les voiles ſont triangulaires. *A C* eſt un mât dont nous avons donné les dimenſions. Le baleſtron eſt une eſpece de petit mât élevé dans la poſition *d f*. Il ſert de prolongement au mât, & ſa fonction eſt de ſoutenir la pointe élevée *f*, & une partie *f d* de la voile triangulaire *f q r*. Ce baleſtron tourne dans des anneaux placés en *A e* & *B d*, de ſorte que la voile peut être placée dans telle poſition qu'on juge devoir lui donner.

Dans la Figure 17 la voile eſt quadrangulaire. Un de ſes côtés verticaux eſt lacé avec le mât *A B* par des anneaux qui lui permettent d'être hissée & amenée à volonté. La voile eft maintenue déployée par le baleftron *C D*.

Les dimenfions de ces deux efpeces de baleftrons font les mêmes. Leur longueur eft plus grande de 6 p°. que celle des mâts auxquels ils font unis. Leur groffeur eft égale à autant de fois 1 ligne 9 points, qu'il y a de pieds dans leur longueur. Leur petit diametre, placé à l'extrémité fupérieure, eft la moitié du grand diametre, & ce grand diametre eft placé au ⅓ de la longueur. Dans la Figure 1 l'extrémité *d* du baleftron répond aux ⅓ de la hauteur du mât *A C*, de forte que *e f* eft égale aux ⅓ de ce mât.

Certains bâtiments nommés *Yachts*, ont auffi une mâture particuliere ; ils portent un grand mât dont la longueur égale le bau ; fon diametre égale autant de fois 2 lignes 8 points, qu'il y a de pieds dans fa longueur, & il eft placé au ⅓ de la longueur de ce mât. Le petit diametre eft la moitié du grand. Ce mât eft placé au ⅓ de la longueur du bâtiment, en comptant depuis l'étrave. Il porte une voile déployée à l'aide d'un gui & d'une corne. Le gui a de longueur les ⅔ de celle du grand mât. Son diametre placé au ⅓ de la longueur eft ¹⁄₄₈ de cette longueur. Le diametre du gui, près du mât, eft les ⅔ du grand diametre, & celui du petit bout en eft la moitié.

La corne eft les ¼ du bau. Son diametre a autant de fois 4 lignes qu'il y a de pieds dans la longueur, & le petit bout a pour diametre la moitié du grand. Le grand mât a un ton qui eft ⅓ de la longueur. Ces bâtiments portent auffi un beaupré qui a de longueur 4 points 6 lignes par pied de la longueur du grand mât. Son diametre eft de 6 lignes par pied de la longueur. Il eft placé au ⅓ de cette longueur. Le petit diametre placé au bout eft la moitié du grand.

Telles font les proportions générales, foit des mâts, foit des vergues de toute efpece de bâtiments. Il ne faut pas cependant imaginer que dans tous les cas les Marins obfervent ces regles rigoureufement. Ils s'en écartent quelquefois, & fuivant certaines circonftances, ils fe permettent de diminuer ou d'augmenter les réfultats de ces tarifs généraux. La forme particuliere d'un bâtiment, la qualité des bois de mâture, ou des idées qui leur font propres, les déterminent à s'éloigner de l'opinion commune. Ces variétés font une fuite néceffaire de l'incertitude des vrais fondements de l'Art de la Mâture. En effet, la collection des proportions générales des mâts & des vergues, ces tarifs que nous avons préfentés, ne font confacrés que par l'ufage. Ils ne doivent être regardés que comme le réfultat des fentiments & des avis réunis de chaque Marin expérimenté. Ainfi tout homme de mer qui a des talents, des connoiffances & une longue pratique, fe croit en droit de faire fubir des changements aux regles ordinaires de mâture. Ces changements, jufqu'à préfent, n'ont pas été confidérables ; cependant il eft, je crois, à propos de faire connoître com-

bien on s'est écarté dans certaines circonstances des regles de mâture pres-
crites par les tarifs généraux. Je joindrai donc ici un tableau de la mâture de
plusieurs bâtiments d'espece différente. On comparera leur mâture réelle avec
celle des Tables, & on jugera des différences. Cet exposé terminera le premier Chapitre.

Lieu assigné à chaque Mât sur des Bâtiments connus

LE ROYAL-LOUIS avoit de longueur 191 pieds 9 pouces.
  Distance du milieu de son grand mât à la perpendiculaire
            de l'étrave . . . . 103^{pi}. 10^{po}. 4^{lig}.
        du milieu du mât de misaine à la même perpend. . . . 21   5   4
        du milieu du mât d'artimon à la perpendiculaire
            de l'étambot 36   9   6
Ce vaisseau construit par M. Colomb devoit porter 116 canons.

LE SAINT-ESPRIT. Vaisseau de 80 canons, & construit
            par M. Olivier. . . . Longueur . . . 183^{pi}. 2^{po}. ^{lig}.
    Distance du milieu du grand mât à la perpend. de l'étrave. . 101   3
        du milieu du mât de misaine à la même perpend. . . 18   10
        du milieu du mât d'artimon à celle de l'étambot. . . 34   2   2

L'ALCIDE. Vaisseau de 64 canons, construit par M. Olivier.
            Longueur . . . . 150^{pi}. 0^{po}. 0^{lig}.
    Distance du milieu du grand mât à la perpend. de l'étrave. . . 83   0   0
        du milieu du mât de misaine à la même perpend. . . 14   8   0
        du milieu du mât d'artimon à celle de l'étambot . . . 26   0   0

L'AMPHITRITE. Frégate de 26 canons, construite par
            M. Guignard. . . . Longueur . . . . 135^{pi}. 0^{po}. 0^{lig}.
    Distance du milieu du grand mât à la perpend. de l'étrave. . . 73   10   0
        du milieu du mât de misaine à la même perpend. . . 15   4   0
        du milieu du mât d'artimon à celle de l'étambot. . . 23   4   0

LA FLORE. Corvette de 14 canons. . . . Longueur . . . . 64^{pi}. 4^{po}. 0^{lig}.
    Distance du milieu du grand mât à la perpend. de l'étrave. . . 36   4   0
        du milieu du mât de misaine à la même perpend. . . . 6   8   0

LE CHAMEAU, Flûte de la plus grande réputation. . Long. . 140^{pi}. 0^{po}. 0^{lig}.
    Distance du milieu du grand mât à la perpend. de l'étrave. . . 77   0   0
        du milieu du mât de misaine à la même 17   0   0
        du milieu du mât d'artimon à celle de l'étambot. . . 27   0   0

Dimensions

Dimensions réelles des Mâts & des Vergues de plusieurs Vaisseaux connus.

VAISSEAUX	LA VILLE DE PARIS, de 90 canons.			LE DAUPHIN ROYAL, de 70 canons.			LE BIZARRE, de 64 canons.		
Largeur principale	48 pieds 6 pouces.			43 pieds 6 pouces.			40 pieds 10 pouces.		
Mâts.	Longueur.	Diametre.	Ton.	Longueur.	Diametre.	Ton.	Longueur.	Diametre.	Ton.
	pieds. pou.	pouces. lign.	pieds. pou.	pieds. pou.	pouces. lign.	pi. po. lig.	pieds. pou.	po. lig. pts.	pi. po. lig.
Grand Mât	112..0	36..6	13..0	104..0	34..0	11..6..0	98..9	32..11..0	10..10..6
Grand Mât de Hune	69..0	21..0	8..0	66..1	19..3	6..7..3	61..3	17..11..3	6..1..3
Mât de grand Perroquet	50..0	10..0	14..8	34..2	8..8	6..6..0	33..7	8..7..0	7..4..2
Mât de Misaine	102..0	35..6	12..0	95..4	32..0	10..8..0	90..4	30..0..0	10..0..5
Petit Mât de Hune	65..0	21..0	6..0	59..6	19..3	5..10..3	55..2	17..11..3	5..6..0
Petit Mât de Perroquet	44..0	9..9	11..0	31..8	7..6	6..0..0	30..1	7..6..0	6..0..6
Mât d'Artimon	77..0	23..0	9..0	72..0	22..0	8..0..0	70..6	21..0..0	7..0..7
Perroquet de Fougue / Mât de Perruche	61..0	12..0	18..0	59..5	13..6	20..4..0	51..0	11..0..0	10..0..0
Mât de Beaupré	67..0	35..9		60..10	33..0		56..10	31..0..0	
Bâton de Foc	60..0	15..0		43..6	12..8	3..0..0	40..0	12..1..0	
Bâton de Pavillon	48..6	8..0	0..0						
Vergues.			Taquets.			Taquets.			Taquets.
Grand' Vergue	104..0	26..0	4..6	94..3	23..1	3..11..0	88..6	22..1..0	3..8..6
Vergue de Misaine	96..0	24..6	4..3	87..0	21..3	3..7..6	81..8	20..5..0	3..4..6
Vergue d'Artimon	96..0	17..3	1..3	87..0	17..3	1..6..0	81..8	16..6..0	1..0..0
Vergue de Civadiere	68..0	15..6	3..4	63..4	14..6	4..6..0	59..6	14..8..0	4..3..0
Vergue de grand Hunier	72..0	16..0	5..0	65..4	15..5	4..6..8	61..3	14..4..0	4..4..3
Vergue de grand Perroquet	66..0	8..6	3..3	37..4	7..4	2..3..0	35..8	7..4..0	2..0..0
Vergue de petit Hunier	69..0	15..9	4..9	62..0	14..6	4..1..0	54..6	13..3..0	4..0..9
Vergue de petit Perroquet	44..0	8..0	2..9	34..0	6..10	2..0..0	31..9	6..7..0	2..3..0
Vergue barrée	69..0	14..0	4..0	62..0	11..6	4..1..1	58..6	11..8..0	3..11..6
Vergue de Perroquet de Fougue	46..0	8..9	3..0	33..4	7..10	1..10..0	37..5	7..6..0	21..4..0
Tangon	69..0	13..6		58..0	10..9		58..0	10..9..0	1..1..0
Arc-boutant ferré	55..6	10..0		44..6	7..6		41..0	7..0..0	
Grand Boute-hors	49..0	8..6		45..0	7..6		40..0	6..8..0	
Petit Boute-hors	46..0	8..6		43..0	7..0		37..0	6..2..0	

VAISSEAUX	L'HYPOPOTAME, de 50 canons.			LA DÉDAIGNEUSE, Frégate de 26 canons.			LA SYLPHIDE, de ... canons.		
Largeur principale	38 pieds 4 pouces.			35 pieds 0 pouces.			25 pieds 0 pouces.		
Mâts.	Longueur.	Diametre.	Ton.	Longueur.	Diametre.	Ton.	Longueur.	Diametre.	Ton.
	pieds. pou.	pou. lig.	pieds. pou.	pieds. pou.	pou. lig.	pieds. pou.	pieds. pou.	pou. lig.	pieds. pou.
Grand Mât	91..1	30..3	10..4	86..0	26..0	9..9	61..0	18..0	7..0
Grand Mât de Hune	58..0	16..3	5..3	52..0	15..3	6..4	38..0	11..3	4..0
Mât de grand Perroquet	33..6	8..3	12..0	32..0	7..6	12..0	20..0	6..3	3..0
Mât de Misaine	83..4	27..0	9..6	80..3	25..0	9..6	57..0	17..0	6..6
Petit Mât de Hune	53..1	15..3	4..8	52..0	15..3	5..7	35..0	11..0	3..9
Petit Mât de Perroquet	33..0	7..6	12..0	30..1	7..0	10..0	18..0	6..0	2..0
Mât d'Artimon	64..0	17..6	6..6	63..9	18..3	6..0	51..3	11..6	4..0
Perroquet de Fougue / Mât de Perruche	57..0	9..9	21..0	50..4	9..9	14..0	31..0	7..0	6..0
Mât de Beaupré	54..8	28..3		50..0	25..0		36..0	17..6	0..0
Bâton de Foc	40..0	10..9		38..6	9..9		21..0	6..0	
Bâton de Pavillon									
Vergues.			Taquets.			Taquets.			Taquets.
Grand' Vergue	83..0	21..0	3..6	74..4	17..0	3..6	53..6	13..6	3..0
Vergue de Misaine	75..9	18..0	3..3	67..0	16..6	3..0	49..0	13..0	2..3
Vergue d'Artimon	76..0	12..6	1..0	67..9	12..3	1..0	46..6	9..0	1..0
Vergue de Civadiere	54..0	12..0	2..6	51..0	12..0	2..3	36..0	8..3	2..3
Vergue de grand Hunier	60..6	12..9	5..3	54..0	13..0	3..6	32..6	8..0	3..0
Vergue grand Perroquet	41..0	7..0	1..6	32..0	6..0	1..6	14..6	5..0	1..5
Vergue de petit Hunier	56..6	12..0	4..9	52..0	11..6	3..3	36..0	8..0	2..0
Vergue de petit Perroquet	41..0	6..6	1..6	30..3	6..0	1..3	12..6	5..0	1..3
Vergue barrée	56..0	11..0	3..6	50..3	10..6	3..0	36..0	8..0	1..6
Vergue de Perroquet de Fougue	44..3	7..3	3..0	38..3	6..0		24..6	5..0	1..2
Tangon	46..6	7..6	3..0	48..0	10..0		34..0	7..3	
Arc-boutant ferré	42..0	7..6		36..0	7..9				
Grand Boute-hors	39..0	6..6		33..4	7..6		24..0	5..0	
Petit Boute-hors	35..0	6..0		32..0	7..0		24..0	5..0	
Vergue de contre-Civadiere	38..0	7..6	1..3	32..0	7..0	1..4			
Vergue de Perruche	24..6	4..6	3..6						
Vergue de Perroquet-volant	31..0	4..0	1..3						
Boute-hors du grand Hunier	7..0	4..0							
Boute-hors de petit Hunier	24..0	4..0							

BATIMENTS.....	LE CHAMEAU, Flûte.			LE PLUVIER, Gabarre.		
Largeur principale...	30 pieds o pouces.			25 pieds o pouces.		
Mâts.	Long.	Diam.	Ton.	Long.	Diam.	Ton.
	pi. pou.	pou. lig.	pi. pou	pi. pou.		
Grand Mât.	77. 0.	23. 0.	.8. 0.	60. 6.		
Grand Mât de Hune.	49. 6.	14. 6.	.4. 6.	40. 6.		
Mât de grand Perroquet.	22. 0.	7. 6.	.3. 0.	14. 0.		
Mât de Misaine.	70. 0.	22. 0.	.8. 0.	54. 6.		
Petit Mât de Hune.	48. 0.	14. 0.	.4. 0.	35. 0.		
Petit Mât de Perroquet.	20. 0.	7. 0.	.2. 8.	23. 0.		
Mât d'Artimon.	51. 0.	17. 0.	.6. 0.	53. 6.		
Mât de Perroq. de Foug. } Mât de Perruche.	33. 0.	10. 6.	.3. 0.	25. 0.		
Mât de Beaupré.	52. 0.	23. 0.	......	40. 0.		
Bâton de Foc.	......	......	......	18. 0.		
Bâton de Pavillon.	......	......	......	29. 0.		
Vergues.			Taquets.			
Grand'Vergue.	66. 0.	16. 3.	.5. 9.	53. 0.		
Vergue de grand Hunier.	48. 0.	10. 6.	.8. 0.	37. 6.		
Vergue de grand Perroq.	24. 0.	5. 6.	.3. 6.	30. 0.		
Vergue de Misaine.	65. 0.	16. 0.	.5. 9.	50. 0.		
Vergue de petit Hunier.	47. 0.	10. 4.	.8. 0.	33. 0.		
Vergue de petit Perroquet.	22. 0.	5. 0.	.3. 2.	27. 0.		
Vergue d'Artimon.	60. 0.	11. 0.	......	26. 0.		
Vergue barrée.	44. 0.	8. 6.	.4. 0.	37. 6.		
Verg. de Perroq. de Foug.	28. 0.	6. 6.	.4. 0.	30. 0.		
Verg. de Perruche.						
Vergue de Civadiere.	45. 0.	10. 0.	.4. 6.	37. 6.		
Verg. de contre-Civadiere.						
Tangon.						
Grand Boute-hors.	......	......	......	25. 0.		
Petit Boute-hors.	......	......	......	22. 0.		
Arc-boutant ferré.	......	......	......	26. 0.		
Verg. de Perroquet volant.						
Boute-hors de grand Hun.	......	......	......	18. 0.		
Boute-hors de petit Hunier.	......	......	......	16. 0.		

BATIMENTS....	L'OURS, Chate.					
	Mâtée en Senaut.			Mâtée en Brigantin.		
Largeur principale...						
Mâts.	Long.	Diam.	Ton.	Long.	Diam.	Ton.
	pi. pou.	pou. lig.	pi. po.	pi. pou.	pou. lig	pi. po.
Grand Mât.	59. 0.	18. 0.	.7. 0.	59. 0.	18. 0.	.7. 0.
Grand Mât de Hune.	31. 0.	8. 0.	.4. 6.	31. 0.	8. 0.	.4. 6.
Mât de grand Perroquet.	22. 0.	5. 4.	.4. 6.	22. 0.	5. 4.	.4. 6.
Mât de Misaine.	54. 0.	17. 0.	.6. 0.	54. 0.	17. 0.	.6. 0.
Petit Mât de Hune.	29. 0.	7. 6.	.4. 0.	29. 0.	7. 6.	.4. 0.
Petit Mât de Perroquet.	21. 0.	5. 0.	.4. 0.	21. 0.	5. 0.	.4. 0.
Fleche de Senaut.						
Mât de Beaupré.	30. 0.	17. 6.	......	30. 0.	17. 6.	
Bâton de Foc.	20. 0.	6. 6.	......	20. 0.	6. 6.	
Bâton de Pavillon.						
Vergues.			Taquets.			Taquets.
Grand'Vergue.	48. 0.	11. 3.	.2. 0.	48. 0.	11. 3.	.2. 0.
Vergue de grand Hunier.	34. 6.	7. 6.	.1. 6.	34. 6.	7. 6.	.1. 6.
Vergue de grand Perroquet.	20. 6.	4. 0.	.1. 4.	20. 6.	4. 0.	.1. 4.
Vergue de Misaine.	46. 0.	10. 9.	.1. 9.	46. 0.	10. 9.	.1. 9.
Vergue de petit Hunier.	32. 6.	7. 0.	.1. 6.	32. 6.	7. 0.	.1. 6.
Vergue de petit Perroquet.	19. 4.	3. 9.	.1. 2.	19. 4.	3. 9.	.1. 2.
Corne d'Artimon.	20. 0.	5. 6.	.1. 0.	20. 0.	5. 6.	
Gui.	......			36. 0.	8. 0.	
Vergue de Civadiere.						

BATIMENTS....	Le Yacht LE CAMILLE.			La Goëlette des Colonies.		
Largeur principale...	18 pieds 6 pouces.			10 pieds 3 pouces.		
Mâts.	Long.	Diam.	Ton.	Long.	Diam.	Ton.
	pi. pou.	pou. lig.	pi. po.	pi. pou.	po. lig.	pi. po.
Grand Mât.	69. 4.	17. 4.	.4. 9.	35. 0.	.7. 6.	.7. 0.
Grand Mât de Hune.						
Mât de grand Perroquet.						
Mât de Misaine.	......	......	......	32. 0.	.6. 6.	.4. 8.
Petit Mât de Hune.						
Petit Mât de Perroquet.						
Fleche de Senaut.						
Mât de Beaupré.	27. 3.	13. 0.	......	14. 8.	.6. 9.	
Bâton de Foc.	22. 0.	6. 6.	......	13. 0.	.4. 6.	
Bâton de Pavillon.	......	......	......	10. 3.	.3. 0.	
Vergues.						Taquets.
Grand'Vergue.						
Vergue de grand Hunier.						
Verg. de grand Perroquet.						
Vergue de Misaine.	......	......	......	20. 0.	.4. 0.	.1. 0.
Vergue de petit Hunier.						
Vergue de petit Perroquet.						
Corne d'Artimon.	18. 6.	5. 0.	......	12. 6.	.4. 0.	
Gui.	47. 0.	10. 0.	......	28. 0.	.5. 0.	
Vergue de Civadiere.						

CHAPITRE II.

Des Bois propres à la Mâture ; & de la construction des Mâts.

Si les mâts d'un vaisseau doivent être susceptibles d'une très-grande résistance, ils doivent aussi être doués d'une certaine flexibilité : trop de roideur dans leurs fibres, produiroit bientôt leur rupture, & trop de mollesse empêcheroit qu'ils ne fussent maintenus & fixés dans une position invariable. Cette flexibilité nécessaire & cette juste solidité semblent se réunir dans les Pins & les Sapins. La légéreté propre à ces bois, & la hauteur à laquelle ils s'élevent, contribuent à les faire adopter préférablement à tout autre bois, pour former les mâts des vaisseaux.

On trouve en plusieurs lieux & sous différents climats des arbres de cette espece qui sont assez élevés pour la mâture ; mais des qualités distinctives ne les rendent pas tous également convenables. Cet arbre se trouve dans le Nord de la France, dans l'Acadie, au Canada, à la Louisiane, sur les Pyrénées, dans la Savoie, l'Auvergne & la Catalogne ; mais les bois du Nord ont sur ceux des autres régions une supériorité qui les rend préférables. Ils ont le cœur menu, le grain fin, les fibres en sont flexibles, & le bois est pénétré d'une gomme ou d'une résine abondante qui le nourrit & l'entretient long-temps après qu'il a été abattu.

Les bois des Pyrénées ne sont pas de même espece que ceux du Nord. Ceux-ci sont des Pins, les autres des Sapins ; ainsi leurs qualités sont différentes. Ils ne se ressemblent ni par la couleur, ni par le grain, ni par la composition des fibres. Cependant les Sapins de fraîche coupe & d'un grain serré sont d'un très-bon usage. L'élasticité nécessaire aux mâts est une des qualités qui distingue les Sapins des Pyrénées : ils se font aussi remarquer par un desséchement plus prompt que dans les bois du Nord. Ceux-ci sont fournis d'une résine plus épaisse & qui ne s'évapore qu'après un long temps & un long usage. Le seul moyen employé pour prévénir cette trop prompte dissipation de substance dans les mâts des Pyrénées, est de les immerger dans l'eau.

Les bois de Savoie, d'Auvergne & de Catalogne, ont le cœur très-poreux : le grain en est gros, le bois est sec & peu nourri, ce qui fait qu'ils se desséchent facilement, & se rompent ensuite sous de foibles efforts.

Les Sapins du Canada, de l'Acadie & de la Louisiane tiennent beaucoup des bois du Nord : le cœur en est assez petit, le grain fin, & les pores sont remplis de réfine. Ces qualités font qu'ils fuppléent avec fuccès au défaut des bois du Nord.

Si entre ces différents bois on choifit préférablement ceux du Nord, c'eft qu'on a remarqué que les bois qui réuniffent la force néceffaire à la flexibilité convenable, doivent avoir des pores ferrés & remplis d'une réfine qui fe diftingue par l'odeur agréable qu'elle répand. Le grain ferré d'un arbre annonce la multiplicité de fes fibres, & la préfence d'une gomme abondante femble garantir & la foupleffe & la durée de fa force. Les terres humides & marécageufes ne produifent que des bois fecs & de mauvaife qualité. Au contraire, les arbres produits par des terres noires, mêlées de pierres & de graviers, font bien nourris fans être affoiblis par une fuperfluité de branches.

Ces attentions n'échappent pas aux perfonnes qui font chargées de choifir dans les forêts les bois propres à la mâture des vaiffeaux du Roi. Elles obfervent auffi de faire faire les coupes dans les faifons convenables ; c'eft-à-dire, pour les bois du Nord, à la fin du mois de Mai, temps où la féve ne monte pas encore. Si on négligeoit de prendre une précaution auffi effentielle, on verroit bientôt dépérir les bois coupés au temps de la féve ; car alors les pores des arbres font ouverts, le cœur en eft tendre, & la gomme eft répandue irréguliérement autour des fibres. Après ce temps de la féve, les fibres fe rapprochent, les pores fe refferrent, & la réfine n'eft plus flottante, mais elle remplit tous les vuides d'une fubftance qui nourrit l'arbre & lui affure une longue durée.

Lorfque les Fourniffeurs du Roi envoyent dans fes Ports les bois qu'ils jugent propres au fervice des vaiffeaux, ils y font vifités, & on n'accepte que ceux dont l'apparence garantit les qualités. Lorfque le cœur de ces bois eft coloré d'un rouge pâle, lorfque les cercles concentriques font féparés, lorfque les pores font ouverts, ces apparences annoncent une coupe faite hors de faifon ; & fi le pied d'un arbre ne préfente pas une réfine abondante, c'eft un nouveau figne de profcription. Les Maîtres Mâteurs entretenus dans les Ports de Sa Majefté, ont toutes les lumieres néceffaires pour faire ces diftinctions utiles. Ils ont parcouru les forêts, & ils ont fait un fréquent emploi d'arbres de toutes efpeces pour former des mâts. Ainfi, on voit qu'ils peuvent veiller avec fuccès à ce qu'il n'entre dans les magafins du Roi que des bois de bonne qualité.

Les arbres reçus ainfi dans les Arfenaux, ne font pas employés au même moment, mais ils font confervés dans des foffes faites exprès, dans lefquelles ils font recouverts d'eau de mer. Les bois du Nord fubmergés fe confervent parfaitement. L'eau de mer ne les pénétre pas beaucoup, mais elle les entretient frais, elle empêche l'évaporation de la réfine, & leur conferve ainfi une nourriture néceffaire.

Les

Les bois moins réfineux, tels que ceux des Pyrénées, de Savoie & d'Auvergne, dès qu'ils font immergés, reçoivent beaucoup d'eau, & enfuite, lorfqu'ils font expofés au grand air, cette eau s'évapore très-promptement, ainfi que la réfine qu'ils contiennent ; c'eft pourquoi ces bois deviennent & frêles & foibles. Les durées de ces mâts ont été obfervées : un mât des Pyrénées fait un fervice de deux ans & demi à peu-près, en comptant du moment où il eft tiré des foffes pour être employé, tandis qu'un mât du Nord fait un fervice de quinze années confécutives.

Il ne fuffit cependant pas, pour qu'un arbre foit propre à la mâture, qu'il ait la force & la flexibilité néceffaires ; il faut encore que les dimenfions foient convenables. Nous avons vu dans le Tarif général de la mâture, que le petit diametre d'un mât, tel que celui de mifaine, ou un grand mât étoit les $\frac{2}{3}$ du grand diametre ; que ce grand diametre étoit placé au $\frac{1}{4}$ de la longueur totale de ce mât, en comptant du gros bout, & que la longueur même de ce mât étoit trente-fix fois plus grande que le diametre de ce mât. Ces conditions néceffaires à la mâture, font obfervées dans le choix des mâts & dans l'acceptation des arbres qui font envoyés dans les Ports par les Fourniffeurs du Roi. On exige donc, 1°. que des arbres étant préfentés pour le fervice des vaiffeaux, leur grand diametre foit mefuré au $\frac{1}{4}$ de leur longueur ; 2°. que leur petit diametre foit les $\frac{2}{3}$ du grand, & que le petit diametre foit placé à une diftance du gros bout égale à trois fois autant de pieds qu'il y a de palmes dans le grand diametre. Cette palme dont nous parlons eft la mefure commune des diametres des mâts : une palme vaut treize lignes. Ainfi on voit que puifque le grand diametre d'un mât eft, par le Tarif, un trentefixieme de la longueur totale du mât, il faut auffi réciproquement que cette longueur foit égale à trois fois autant de pieds qu'il y a de palmes dans le grand diametre de ce mât.

Ce n'eft pas que tous les mâts préfentés à l'acceptation par les Fourniffeurs, ayent toujours les proportions défignées précédemment. La longueur d'un arbre n'eft pas toujours dans le rapport exigé avec le diametre ; mais ces mâts ne font pas moins fournis au Roi, en les confidérant comme ayant ou tels diametres affortis à leur longueur, ou telle longueur affortie à leur diametre. Le détail des conditions du marché fait entre le Roi & les Fourniffeurs ne feroit ici d'aucune utilité, ainfi je me difpenferai d'en parler. Mais il étoit à propos d'indiquer de quelles dimenfions font les bois bruts & fans écorce, tels qu'ils font reçus dans les Ports, afin qu'on pût voir facilement, & pourquoi on eft obligé de compofer certains mâts avec plufieurs arbres, & comment on regle le choix de ces pieces compofantes.

Les plus gros mâts fournis au Roi dans les Arfenaux, ont à peu-près vingt-neuf palmes de diametre : il y en a peu de cette force, & il eft très-rare qu'on en préfente d'une groffeur fupérieure. Les plus petits mâts ont douze palmes de diametre. Les arbres qui ont cinq à fix palmes de diametre font nommés efparts doubles, & ceux de quatre & trois palmes font des efparts fimples. On verra dans la formation des mâts de toute efpece de bâtiments, l'ufage des petits mâts nommés matereaux, & des efparts de deux efpeces. Si maintenant on parcourt le Tableau des mâts réels de divers bâtiments, Tableau placé à la fin du premier Chapitre, & fi on compare les diametres des bas-mâts, foit du grand mât, foit de celui de mifaine, foit du mât de beaupré d'un gros vaiffeau, avec les diametres des plus gros arbres fournis dans les Ports, on verra que les premiers font bien fupérieurs aux derniers. Si, d'ailleurs, on remarque, comme déja nous l'avons dit, que les arbres de vingt-neuf palmes font très-rares, & que les arbres les plus nombreux dans les Arfenaux font ceux qui ont des diametres de quinze ou vingt palmes, on conclura de toutes ces confidérations que le bas-mât d'un vaiffeau de foixante-quatre canons, ne peut être formé que de plufieurs arbres réunis : on verra auffi que les mâts de hune, & à plus forte raifon ceux de perroquet, ne peuvent être faits que d'un feul arbre.

C'eft cette compofition de mâts formés de plufieurs pieces, qui a exercé l'adreffe des Mâteurs ; il falloit imaginer les moyens de rendre un tel affemblage auffi folide & auffi durable que la qualité particuliere des pieces compofantes pouvoit le permettre. Il falloit qu'un mât, ainfi formé, confervât toujours & la force & la flexibilité & la légéreté même qu'on trouve réunies dans un mât d'un feul arbre bien nourri, & dont les fibres font nombreufes & ferrées. Les Mâteurs ont réuffi à remplir toutes ces conditions néceffaires. Les procédés qu'ils fuivent feront bientôt expofés avec tout le détail convenable. Il eft à propos de faire connoître auparavant la forme qu'on donne aux mâts, & les regles qu'on fuit pour leur donner une courbure déterminée.

Nous avons vu dans le Tarif général quels doivent être & le plus grand & le plus petit diametre que les Marins affignent à tel mât d'un vaiffeau de telle largeur. Il ne nous refte donc qu'à faire connoître les diametres intermédiaires correfpondants aux différents points de la longueur d'un tel mât, & alors fa forme fera auffi bien défignée qu'elle peut l'être. Voici la méthode employée par les FIG. 18. Mâteurs pour déterminer ces diametres intermédiaires. Soit ab le grand diametre d'un mât ; enfuite des points a & b regardés fucceffivement comme centres, foient décrits les arcs ba & bo avec le même rayon ab ; foit enfin porté le petit diametre du mât parallélement à ab, de façon que fes extrémités touchent aux deux arcs ao & bo ; & foit ce, ce petit diametre : les arcs be & ac font par conféquent égaux. Si maintenant on divife l'arc be & l'arc ac en un certain nombre de parties égales, tels que bq, qs, &c. $a\,z$, zx, &c. & fi on joint les points de divifion correfpondants de ces deux

arcs par des lignes droites, ces lignes χq, $x s$, &c. feront les diametres intermédiaires du mât dont AB eft le grand diametre ; c'eft-à-dire, que fi ZS, Fig. 19.
fig. 19, eft la longueur totale du mât, & fi PS eft le ¼ de cette longueur,
on placera le grand diametre en P. La diftance de P à Z ou la ligne PZ étant
enfuite divifée en autant de parties égales qu'il y en a dans chaque arc be
ou ac, les points de divifions L, I, D, &c. feront ceux où l'on portera
ces diametres intermédiaires précédemment déterminés, & ils y feront placés dans le même ordre qu'ils confervent fur la Figure 18. Les Mâteurs di- Fig. 18.
vifent ordinairement cette longueur PZ en quatre parties égales. Le grand
diametre étant placé en P, le premier diametre intermédiaire, tel que χq,
répond au point D, & ce même diametre eft auffi défigné pour être celui
du bout inférieur S de ce mât. Les autres diametres intermédiaires doivent
répondre, comme nous l'avons dit, aux autres points de divifion I, L & Z.

Tous les diametres d'un même mât étant ainfi déterminés ; fi ce mât eft
d'une groffeur qui permette de le faire d'une feule piece ; alors on confidere
fi l'arbre qui doit le former a dans les divers points de fa longueur & la rondeur & la groffeur convenables : enfuite on le conforme de façon que, régulier dans les contours, il ait à chaque point de fa longueur, les diametres
défignés par la Figure précédente.

S'il n'eft aucun arbre qui feul puiffe former un mât déterminé, alors on le
compofe de plufieurs pieces ou de plufieurs arbres. Le nombre de ces pieces
eft ou trois, ou quatre, ou cinq, ou fept, ou neuf. Les affemblages de cinq
ou de fept pieces font eftimés les plus folides. La groffeur d'un mât & l'é-
chantillon des pieces de mâture dont un Port eft pourvu, décident du nombre des pieces qui entrent dans la compofition d'un mât. Nous ne parlons
encore que de ce nombre de pieces néceffaires pour former par leur groffeur
réunies, la groffeur totale du mât qu'elles compofent ; car ces mêmes pieces
prifes féparément font fouvent elles-mêmes affemblées avec de nouvelles pieces qui fuppléent à la longueur qui leur manque pour égaler la longueur
totale affignée au mât.

Les pieces préparées pour être réunies & affemblées ne font pas rondes ;
les arbres d'où elles font tirées ont d'abord été équarris ; & lorfqu'elles ont
été travaillées, lorfqu'enfin elles ont été réunies, le mât qu'elles compofent
n'eft pas encore rond. Les coupes tranfverfales de ce mât & perpendiculaires à fa longueur, ne font encore que des quarrés dont le côté eft égal au
diametre que doit avoir le mât fini. Ce mât quadrangulaire eft enfuite arrondi
fuivant des procédés qui feront décrits, lorfque l'ordre des chofes l'exigera.

Les pieces qui compofent un mât ne font multipliées que pour former
par leur groffeur particuliere, la groffeur totale de ce mât : ainfi on doit pré-
fumer qu'il eft un arrangement de pieces qui eft le plus propre à donner à leur

liaifon toute la folidité néceffaire. On ne peut prendre une idée plus jufte &
plus précife de ce genre d'arrangement que par l'infpection des coupes tranfverfales de différents mâts compofés d'un nombre différent de pieces. Nous ne
préfenterons pas ici la forme des coupes d'un mât achevé, mais d'un mât encore quadrangulaire. Ce n'eft pas qu'en confidérant la tranche circulaire d'un
mât fini, on n'apperçoive parfaitement l'ordre des pieces compofantes, mais
ces mêmes piéces y font mutilées ; les pieces collatérales y paroiffent tail-
lées plus ou moins, fuivant ce qu'exige la rondeur du mât. Dans la coupe
quarrée les pieces compofantes paroiffent dans tout leur entier, & alors on
peut remarquer comment chacune à dû être travaillée féparément pour con-
courir à former avec les autres compofantes, un mât d'une groffeur déterminée.

Fig. 20. La Figure 20 préfente la combinaifon de trois pieces affemblées pour former une feul mât. La ligne circulaire ponctuée annonce & le contour du
mât tel qu'il doit être lorfqu'il fera achevé, & ce qui refte de chacune de
ces piéces dans le mât arrondi.

Fig. 21. Dans la Figure 21 on voit l'affemblage de quatre pieces inégales ; & c'eft
fans doute ici que je dois faire remarquer la compofition invariable ou conftante de tout mât de beaupré : un tel mât eft toujours formé de quatre
pieces égales. Avant d'être affemblées, elles font équarries, & leurs quatre
faces perpendiculaires l'une à l'autre, font égales entr'elles : il n'en eft pas
de même dans la formation du mât de mifaine ou du grand mât. Leur affemblage n'eft pas fait de quatre pieces égales ; des pieces inégales fe fuppléent mutuellement pour former l'épaiffeur totale de ces différents mâts : ainfi
les coupes tranfverfales faites en différents points de leur longueur, ne font
pas également divifées par la diftribution des pieces compofantes, comme on
peut le voir à la Figure 21, qui préfente une fuite de tranches d'un même
mât, correfpondantes à ces différents diametres. Les mâts de beaupré, au
contraire, font tels que quelque part qu'on y confidere une coupe tranfverfale, elle paroît divifée en quatre efpaces égaux qui répondent aux quatre
pieces compofantes de ces mâts, *fig.* 25.

Fig. 22. La Figure 22 repréfente la compofition d'un mât de cinq pieces. Afin dé-
formais de faire diftinguer toutes les pieces compofantes d'un même mât,
nous leur donnerons les noms que les Mâteurs leur affignent. La piece *a* eft
la méche, *b* eft la piece de l'avant du mât ; *c* eft celle de l'arriere ; *d* eft
celle de bas-bord, & *e* celle de ftribord. La diftinction de la méche & des
autres pieces, confifte en ce que la méche regne depuis le bout du ton jufqu'au pied du mât ; tandis que les autres pieces ne s'étendent que depuis le
pied jufqu'à la naiffance du ton.

Si un mât eft compofé de fept pieces fa coupe tranfverfale a la forme

&

& les diviſions de la Figure 23. La méche *a* eſt au milieu ; une piece forme Fig.23.
l'avant, une autre l'arriere : deux pieces aſſemblées forment la face ſtribord,
& deux idem ſont placées à bas-bord.

La tranche du mât de neuf pouces a la forme de la figure 24, une piece au
milieu, une piece à l'avant, l'une à l'arriere, trois ſur la face ſtribord, & trois
aſſemblées ſur la face bas-bord.

Tous ces détails préliminaires ſont ainſi connoître quel eſt l'ordre qu'on fait
régner entre les pieces d'aſſemblage d'un même mât. Il ſeroit inutile de donner plus d'extenſion à ces objets : il ne nous reſte qu'à faire voir comment
ces pieces compoſantes ſont liées entr'elles, pour ne faire qu'un même tout,
flexible, léger & ſuſceptible d'une très-grande réſiſtance.

Les arbres qui ſont deſtinés à la compoſition d'un mât ſont premiérement
équarris. Comme on fait d'avance les diametres qu'un mât doit avoir dans
les divers points de ſa longueur, la prévoyance des Mâteurs conſiſte donc à
ne faire équarrir que des arbres qui réunis puiſſent former la groſſeur totale
du mât dans chaque point de ſa longueur. Les pieces compoſantes, avant
d'être travaillées les unes pour les autres, ont donc des dimenſions plus fortes de quelques pouces, que lorſqu'elles ſont aſſemblées ; ces pieces travaillées ne ſe réuniſſent pas en s'appliquant ſimplement l'une ſur l'autre, & en ſe
touchant mutuellement par leurs faces planes ; la ſolidité de leur liaiſon
exige plus de précautions. On pratique, à cet effet, dans l'épaiſſeur de chaque piece équarrie des adents, ſaillans dans les unes & rentrans dans les autres. Par un tel arrangement les ſurfaces des pieces s'engrenent de façon
qu'elles ne peuvent jamais gliſſer l'une ſur l'autre, ſoit dans le ſens de la
longueur, ſoit dans celui de la largeur. Elles peuvent ſeulement être ſéparées
par des efforts qui tendroient à les éloigner directement l'une de l'autre dans
un ſens perpendiculaire aux faces par leſquelles elles ſe touchent. Mais des
cercles de fer qui les embraſſent & les rapprochent étroitement, garantiſſent
parfaitement la ſolidité de leur réunion.

Nous ne pouvons donner une idée plus claire de la forme des pieces compoſantes d'un même mât, de leur aſſemblage & de leurs adents, qu'en dé-
crivant particulierement & avec le plus grand détail, la formation d'un mât
déterminé, tel que le bas-mât d'un vaiſſeau de ſoixante-quatorze canons. En
ſuivant une telle méthode, nous expoſerons la compoſition d'un tel mât avec
toute l'étendue convenable ; nous ferons connoître le nombre des pieces compoſantes ; nous ferons remarquer & la forme & les entailles qui leur ſont aſſignées par l'uſage, & dans une telle deſcription le mât paroîtra ſe former complettement ſous les yeux du Lecteur.

Suppoſons, en ſuivant le Tarif général, que le bas-mât du grand mât d'un
vaiſſeau de ſoixante-quatorze canons, doive avoir cent huit pieds de longueur

& trois pieds de diametre. Suppofons auffi qu'une telle groffeur, & l'efpece de bois dont un Port eft approvifionné, exigent qu'un tel mât foit compofé de fept pieces : cette combinaifon eft d'ailleurs la meilleure & la plus folide. La longueur cent huit pieds étant très-confidérable, il y a peu d'arbres qui feuls puiffent avoir une pareille longueur : ainfi chacune des pieces compofantes aura befoin d'une nouvelle piece qui lui ferve d'allonge, & fupplée au défaut de fa longueur : il faut donc quatorze pieces de mâture pour conftruire le mât défigné.

Un Mâteur expérimenté, d'après les dimenfions données d'un mât, décide bientôt &°de la force & du nombre des mâts néceffaires pour fournir quatorze pieces convenables. Dans la circonftance préfente, voici l'énumération des arbres qui feroient choifis & employés dans la conftruction du bas-mât propofé. Un arbre de vingt-fept palmes de diametre ; deux arbres de vingt-trois palmes, quatre de vingt-deux palmes, & trois de vingt-une palmes ; nous ne nommons ici que les grands diametres de ces arbres, & ce détail eft fuffifant, parce que, & les petits diametres & les longueurs doivent être proportionnés aux grands diametres : ces dix arbres fuffifent pour former le mât demandé. Le plus gros eft deftiné à fervir de méche, & les autres à former, foit les pieces collatérales, foit celles qui doivent fuppléer à leur longueur. De ces dix arbres on fait donc quatorze pieces : la divifion de ces arbres étant faite convenablement, alors ont les travaille féparément ; on les équarrit, comme nous l'avons dit, & on commence par l'arbre qui doit former la méche : on le met fur quatre faces perpendiculaires, à commencer depuis le petit bout jufqu'à douze ou treize pieds de fa bafe. Cette partie extrême de l'arbre refte ronde ou cylindrique, & on la deftine à former le ton du mât, qui, dans cet exemple, a douze pieds de longueur : fi cette méche n'a pas la longueur néceffaire de cent huit pieds, on lui ajoute une nouvelle piece au petit bout : cette piece fupplémentaire eft affemblée folidement avec la méche ; & voici la méthode qui eft fuivie pour faire cet affemblage.

Soit, $befdca$, l'extrémité de la méche trop courte, & foit $klhgnm$, la piece deftinée à l'allonger convenablement. On voit dans cette Figure 26, que les deux pieces font entaillées l'une & l'autre dans le fens de leur épaiffeur. dc qui eft égale à ef, eft le tiers de l'épaiffeur totale de la piece ; & la longueur de l'écart qui eft oe, égale la longueur gn, dont la méche eft allongée ; c'eft-à-dire, que l'écart eft toujours la moitié de la longueur de l'allonge.

Si maintenant on imagine ces deux pieces, la méche & fon allonge, retournées & vues fur une autre face, on diftinguera la forme de leur affemblage : on remarquera que l'extrémité de chaque piece eft terminée par un contour $dcba$, de trois côtés (*fig.* 27.) Comme ces pieces doivent être réunies enfemble, l'une eft deftinée à recevoir l'autre ; ainfi l'extrémité de l'allonge eft reçue dans l'épaiffeur de la méche où l'on pratique une excavation convenable ; l'extrémité de la méche réciproquement eſt reçue dans l'épaiſſeur de l'allonge. Cette forme donnée aux extrémités de ces pieces ſe nomme *paume* (en terme de Marine) : elle eſt imaginée pour empêcher que ces pieces unies l'une à l'autre, ne puiſſent gliſſer latéralement.

Afin d'ajouter à ces premiers moyens de liaiſon, on a imaginé de pratiquer auſſi ſur les faces par leſquelles ces pieces doivent ſe joindre, des adents qui forment une eſpece d'engrenage : la Figure 27 exprime bien la forme Fig. 27. de ces adents. Sur la méche ou plutôt ſur l'une de ces faces, les adents ſont ſaillants, & ils ſont rentrants ſur l'allonge par le moyen d'une excavation faite dans cette allonge aux dépens de ſon épaiſſeur. Si on veut concevoir parfaitement la forme de ces adents, qu'on s'imagine une ſuite de parallelogrammes rectangles tels que $abcd, fehg$, &c. qui ſoient joints ſucceſſivement par une partie de leur baſe, telle que fd, gk, &c. & qui ſoient placés dans le même ordre repréſenté dans la Figure 28 ; ſi on imagine enſuite que Fig. 28. ces parallélogrammes, (en nombre arbitraire) ſoient les baſes, d'autant de petits priſmes rectangles, d'une hauteur peu conſidérable ; on reconnoîtra la figure particuliere de ces adents, ſur leſquels eſt fondée principalement & la liaiſon des pieces avec leurs allonges, & l'union des pieces compoſantes d'un même mât.

La longueur ac des baſes de ces priſmes ou de ces adents eſt de cinq pieds ; leur largeur cd, varie depuis trois pouces juſqu'à ſix, parce qu'on la proportionne à la largeur totale de la piece qui porte ces adents. Leur profondeur ou leur ſaillie ou la hauteur de ces petits priſmes eſt d'un pouce un quart. Ces adents ſont rangés, l'un à la ſuite de l'autre : ils ſont liés enſemble par les fibres du bois qui dans les eſpaces fd, gk, &c. ne ſont jamais coupés dans les adents ſaillants. Le premier adent dépaſſe celui qui le ſuit immédiatement d'une quantité ef qui ordinairement eſt d'un pouce & demi : le troiſieme dépaſſe le ſecond autant que celui-ci eſt dépaſſé par le premier & du même côté. Cette chaîne d'adents pratiqués dans une piece d'allonge correſpond à une pareille ſuite d'adents pratiqués dans la piece qu'elle doit allonger. La différence du travail de ces deux pieces conſiſte en ce que ces adents ſont ſaillants ſur la méche, & qu'ils ſont excavés ou rentrans dans l'épaiſſeur de la piece d'allonge. Ces deux ſuites d'adents ſont donc ainſi travaillées l'une pour l'autre, & on voit que des pieces préparées de cette maniere, lorſqu'elles ſont réunies, doivent, pour ainſi dire, ſe pénétrer mutuellement & former un tout ſi bien lié, que l'une des piéces ne puiſſe gliſſer ſur l'autre, dans quelque ſens qu'elle y ſoit ſollicitée. D'ailleurs, comme on l'a déja dit, les paumes ajoutent auſſi à la ſolidité de cet aſſemblage : ainſi, l'allonge de la méche fait avec cette méche un tout auſſi ſolide que ſi la méche totale n'étoit que d'une ſeule piece. Il eſt vrai que la piece d'allonge, ſollicitée dans un fens, pourroit être féparée de la méche ; mais les pieces d'affemblage defzinées à être placées fur les faces de cette méche, doivent enfuite recouvrir l'allonge & la méche, & empêcher toute défunion.

Si j'ai expofé avec tant de détail les préparations néceffaires à l'affemblage d'une fimple piece d'allonge avec la méche, c'eft que les autres affemblages foit des autres allonges avec les pieces collatérales, foit de ces piéces collatérales avec la méche, s'éxecutent fuivant les mêmes procédés.

La méche d'un mât étant autant allongée qu'elle doit l'être pour égaler cent huit pieds de longueur : alors, *fig.* 29, on trace fur chacune de fes faces, une fuite d'adents qui regnent depuis le pied jufqu'à la naiffance du ton : on rend ces adents faillants, en les exécutant ; & auprès du ton on pratique des paumes. Chacun de ces adents ou petits prifmes quadrangulaires ont les dimenfions qui ont été indiquées précédemment à l'égard de l'allonge de la méche. La largeur feule des adents varie fuivant la largeur des faces de la méche. Les paumes excavées au haut de la méche, & près du ton, font deftinées à recevoir les extrémités des pieces collatérales qui doivent être terminées par un contour convenable : la profondeur de ces paumes eft d'un pouce un quart, égale par conféquent à la faillie des adents.

En examinant la coupe tranfverfale d'un mât compofé de fept pieces ; on voit que les pieces d'affemblage qui doivent, les premieres, être unies à la méche, font celles de l'arriere & de l'avant du mât. Ces pieces proviennent d'arbres qui ont été équarris ; mais, lorfqu'elles ont été travaillées, leur coupe tranfverfale particuliere n'eft pas toujours un quarré, comme le font celles de la méche. Elles font conformées de façon feulement que les épaiffeurs de ces pieces jointes à celles de la méche, faffent enfemble le diametre total du mât dans chaque point de fa longueur. Si ces pieces premieres n'étoient pas affez longues pour couvrir la méche depuis le ton jufqu'au pied du mât, alors il faudroit commencer par leur ajouter des allonges néceffaires, qui feroient affemblées avec ces pieces, fuivant la méthode déja expofée.

Ces opérations préliminaires étant exécutées, & chaque piece ayant les dimenfions relatives, alors on entaille une face de chacune de ces pieces de façon qu'elle puiffe recevoir le rang d'adents faillants déja formé fur une face correfpondante de la méche : ainfi une face de chaque piece collatéralé eft donc excavée, & on y pratique des adents rentrants, parfaitement correfpondants à ceux de la méche ; on a foin d'ailleurs de terminer ces pieces par une paume. Ces pieces collatérales étant enfuite préfentées fur chaque face correfpondante de la méche, les adents s'embraffent mutuellement, & s'uniffent fi étroitement qu'elles ne peuvent plus gliffer l'une fur l'autre.

Pour achever le mât, il ne refte plus qu'à couvrir les deux autres faces de la méche, ainfi que les épaiffeurs des premieres pieces par les pieces de ftribord

&

& de bas-bord. La Figure 30 présente l'assemblage formé de la méche & des deux pieces de l'avant & de l'arriere. Il est vu par l'une de ces faces qui doivent être couvertes par les pieces stribord & bas-bord ; de sorte que l'on doit y remarquer & l'épaisseur de chaque piece de l'avant ou de l'arriere, & une face de la méche qui porte un adent saillant. La longueur totale de ce côté de l'assemblage, permet de joindre au rang d'adents saillants de la méche, deux nouvelles suites d'adents. Aussi on pratique de chaque côté des adents de la méche un rang d'adents qui ont avec ceux-là une disposition relative qu'il faut faire connoître.

La Figure 30 fait distinguer comment on travaille cette face de l'assemblage. Elle n'est que le tableau de cette face préparée : on y remarque au milieu & sur la méche un rang d'adents *o m*, qui avoit été fait précédemment après l'équarrissage de la méche ; & après l'assemblage des deux nouvelles pieces de l'arriere & de l'avant, on pratique sur les côtés, les rangs d'adents *b c* & *a d* qui regnent depuis le pied du mât jusqu'au ton exclusivement : ces adents sont saillants. Les adents latéraux & correspondants sont opposés l'un à l'autre, & le milieu de chacun des adents latéraux répond à l'extrémité de l'adent opposé de la méche. Ces adents alternatifs seront mieux distingués dans la Figure 30 que dans une description plus détaillée : ainsi je renvoie à l'inspection de cette Figure, ceux qui voudront connoître & l'ordre relatif de ces adents, & la variété de leurs combinaisons.

En exécutant ces adents, on a égard à une certaine considération qui réellement est de quelque importance. Comme chaque piece, ainsi que la méche, peut avoir une allonge, les adents doivent être tracés de façon que les extrémités de l'écart répondent toujours au milieu de la longueur d'un adent, s'il est possible : l'assemblage des pieces & de leurs allonges devient ainsi plus solide.

Les deux faces de ce mât ébauché, étant ainsi préparées avec trois rangs d'adents saillants, & par conséquent deux rangs d'adents rentrants ; alors on travaille les pieces qui doivent recouvrir ces nouvelles faces. Comme ces faces sont d'une largeur considérable, les pieces de stribord ou de bas-bord sont formées chacune nécessairement par l'assemblage de deux pieces particulieres qui, équarries & portant des adents correspondants, sont réunies par leur épaisseur. Les deux pieces destinées à composer ainsi par leur assemblage une seule piece de stribord pour le mât, n'ayant pas chacune une épaisseur qui permette d'y pratiquer un rang d'adents qui regne du haut au bas : alors, pour contribuer par d'autres moyens à leur liaison la plus solide, on partage l'espace *g h a b* (*fig.* 31) ; en plusieurs parties telles que *a b d c*, *c d e f*, qu'on nomme *dez*, & dont les unes sont saillantes, & les autres rentrantes alternativement.

MATURE.   L

Fig. 30.
Fig. 30.
Fig. 31.

Ces adents d'un nouveau genre ont la même longueur & la même saillie que les adents dont nous avons parlé précédemment. Ils font faits aux dépens de l'épaiſſeur de chaque piece, & leur largeur eſt égale à celle de la piece.

Deux pieces étant ainſi travaillées l'une pour l'autre, font enſuite aſſemblées, pour former enſemble une ſeule piece de ſtribord ou de bas-bord. Cet aſſemblage eſt de nouveau préparé pour être uni au mât ébauché. Sur une de ſes faces, on pratique des adents rentrants correſpondants aux adents ſaillants du mât, & réciproquement les extrémités font auſſi terminées en paumes pour qu'elles ſoient reçues aux excavations déja faites dans l'épaiſſeur du mât ébauché. Les pieces de ſtribord & de bas-bord aſſemblées avec le mât, complettent enfin la formation totale du mât, & c'eſt ainſi que ſept pieces réunies ne forment alors qu'un ſeul & même tout ; mais ce tout eſt encore informe, il n'a pas la figure qui lui convient : il reſſemble dans cet état à une pyramide quadrangulaire tronquée dont toutes les tranches paralleles à la baſe font autant de quarrés, ſur-tout ſi on ne conſidere le mât que depuis ſon ton excluſivement. Il reſte donc maintenant à donner à ces tranches une forme circulaire, & nous allons détailler les procédés qui font en uſage pour remplir ce nouvel objet.

Ce problême conſiſte à faire un ſolide de révolution, d'un ſolide dont toutes les coupes perpendiculaires à ſa longueur font des quarrés. Nous ne parlerons pas ici du ton du mât, parce que les tranches font reſtées circulaires : il n'eſt ici queſtion que de cette étendue du mât qui regne depuis le pied juſqu'à la naiſſance du ton.

Déja les coupes quarrées du mât ont des côtés égaux aux diametres réels que le mât doit avoir lorſqu'il ſera arrondi ; il s'agit donc de connoître les moyens pratiqués propres à faire diſparoître, dans l'eſpace de chaque tranche quarrée $abdc$, (fig. 32), les petits eſpaces $nbon$, $odmo$, &c. afin qu'il ne reſte, après cette ſouſtraction, que l'eſpace circulaire $nqmo$.

Les Mâteurs ont imaginé le procédé ſuivant. Ils ſuppoſent avec raiſon que la tranche circulaire ſoit inſcrite à la tranche quarrée $abdc$; mais ils imaginent auſſi qu'à ce même cercle $nqmo$, ſoient circonſcrits des polygones réguliers, l'un de huit côtés, le ſecond de ſeize ; le troiſieme de trente-deux, le quatrieme de ſoixante-quatre, &c. enfin juſqu'au polygone dont les côtés ſe confondent ou approchent beaucoup de ſe confondre avec la circonférence $nqmo$; ce nombre de polygones, dans la pratique, eſt reſtraint à quatre. Si maintenant on imagine anéanties ſucceſſivement les différences qui regnent entre les eſpaces renfermés par ces polygones, on parviendra enfin à réduire le quarré à un polygone de ſoixante-quatre côtés, qui differe peu ſenſiblement du contour du cercle $nmoq$. Les Mâteurs font une telle opération dans toute fon étendue ; les tranches quarrées du mât font d'abord réduites à des tranches de huit côtés qui font circonfcrites comme les premieres au même cercle *n q m o*. Pour y parvenir, les Mâteurs divifent (*fig.* 33), *a b* en cinq parties égales. Ils portent enfuite de part & d'autre du milieu de chaque côté une des parties, telles que *o i* ; alors fur chaque côté de la tranche on a deux points marqués, tels que *n* & *i* fur *a b*, &c. l'efpace *n i* devient alors le côté du nouveau polygone de huit côtés. Ces points *i*, *f*, *m* indiquent donc les efpaces tels que *i b f i*, *g d m g*, &c. qu'il faut retrancher du quarré pour obtenir une tranche octogonale. Les Mâteurs répétent cette opération à chaque tranche du mât correfpondante aux points de divifion déja tracés fur la longueur de ce mât pour marquer le lieu des diametres intermédiaires. Le bois compris dans les efpaces *b i f b*, *g d m g*, &c. étant coupé fur toute la longueur du mât, ce mât, par cette opération, devient un folide à huit faces.

FIG.33.

Quoique les Mâteurs foient affez dociles à fuivre cette méthode qui a pour but de déterminer le côté de l'octogone, cependant ils reconnoiffent qu'elle eft inexacte. En effet, le calcul fait voir d'ailleurs que le diametre ou le côté de la tranche ne devroit pas être partagé en cinq parties ; mais que de part & d'autre du milieu de chaque côté, tel que le point *o*, on détermineroit les points *i* & *n*, en faifant *i o*, ou *o n* égales au $\frac{1}{14}$ du côté *a b*. Les erreurs que les Mâteurs ont reconnu dans cette premiere méthode leur en a fait adopter une feconde que le calcul démontre être fuffifante.

On vient d'annoncer qu'il étoit démontré que la valeur de *o n* eft les $\frac{1}{7}$ du rayon du mât. Les Mâteurs divifent donc *o a* en trois parties égales *a u*, *u z*, *z o*, (*fig.* 34) & prenant le milieu *r* de *a u*, ils divifent *r o* en deux parties égales au point *n*, & le point *n* fe trouve ainfi déterminé ; car *n o*, dans cette conftruction eft réellement égale aux $\frac{1}{7}$ du rayon.

FIG.34.

Le mât réduit à un folide régulier de huit faces, eft enfuite réduit de nouveau à un folide de feize faces. Le problême confifte donc à anéantir dans la tranche (*fig.* 35), *n i f g m l h k n*, tout l'efpace dont elle differe du polygone de feize côtés circonfcrit au même cercle : c'eft à cet effet, qu'on divife chaque côté de l'octogone en quatre parties égales. Les deux parties *q o* & *o s* du côté *N i* doivent former le côté du nouveau polygone. Si maintenant on imagine des lignes menées de la premiere divifion de chaque côté à la premiere divifion du côté fuivant ; fi dans tout le contour du polygone on mêne des lignes placées comme les lignes *q r* & *s t* ; & fi enfin, on retranche les efpaces tels que *s i t s* & *q r n q*, &c. on formera le nouveau polygone de feize côtés. Cette méthode employée pour déterminer la longueur *q s* du côté de ce nouveau polygone, eft affez exacte ; car le calcul démontre que ce côté doit être les $\frac{14}{15}$ du côté de l'octogone : une telle opé-

FIG.35.

ration étant répétée fur les contours de chaque tranche octogonale du mât,
& le bois convenable étant fouftrait, alors le mât devient un folide régulier
de feize faces ; c'eft par la même méthode qu'il devient un folide de trente-
deux faces & même de foixante-quatre : les Mâteurs s'arrêtent ordinairement
à cette derniere fubdivifion, & ils fe contentent d'abattre les arêtes du
mât avec un couteau à deux manches pour l'arrondir parfaitement.

C'eft ainfi qu'un mât d'affemblage fe compofe, fe forme & s'acheve. Les
précautions qu'on prend pour lier enfemble les pieces d'affemblage, garantiffent affez la folidité de ce tout fait de plufieurs morceaux ; cependant on a
dû remarquer, dans le cours de cette defcription, que fi ces pieces compofantes ne peuvent gliffer l'une fur l'autre dans aucun fens, rien ne s'oppofe
à ce qu'elles foient féparées par des efforts qui tendroient à les éloigner l'une
de l'autre dans un fens perpendiculaire aux furfaces par lefquelles elles fe
réuniffent. Le moyen que les Mâteurs employent pour empêcher cette fé-
paration dangereufe, confifte à ceindre le mât de cercles de fer qui l'embraffent & le preffent en divers points de fa longueur : ces cercles épais font
placés à une diftance réciproque de trois pieds en trois pieds & demi.
L'épaiffeur de ces cercles eft $\frac{1}{71}$ du diametre correfpondant du mât, & leur
largeur en eft le feptieme. Ces cercles pour être mis en place font chaffés
avec force, & ils achevent de donner à un mât d'affemblage toute la folidité
de liaifon qui lui eft néceffaire.

La defcription que je viens de préfenter de la formation d'un mât compofé
de fept pieces, doit fans doute faire affez preffentir comment on doit compo-
pofer un mât foit de trois pieces, foit de quatre, foit de cinq, foit de neuf.
S'il y a de la différence dans le nombre des pieces compofantes, les moyens
de les lier entr'elles font conftamment les mêmes, & il fuffit de confidérer
de nouveau les coupes tranfverfales de ces différents mâts, pour imaginer
complettement & la pofition relative de ces pieces compofantes, & l'ordre
obfervé dans l'arrangement de leurs adents.

C'eft ainfi que dans les Atteliers de Mâture, on voit former les bas-mât
ou du grand mât, ou du mât de mifaine d'un gros vaiffeau. Le mât de beaupré mérite quelques remarques particulieres.

Il n'y a aucune variété dans la façon de compofer un beaupré quelconque ; quatre arbres égaux fervent à former chaque mât de ce nom. Déja nous
avons fait connoître les coupes tranfverfales de ce mât ; il ne refte plus qu'à
faire l'expofé des dimenfions des arbres employés pour former un beaupré déterminé, tel que celui d'un vaiffeau de foixante-quatorze canons. Suppofons
que fa longueur foit de foixante-trois pieds & fon grand diametre de trente-
quatre pouces fix lignes. Un Mâteur le compoferoit de quatre arbres qui au-
roient chacun vingt-cinq palmes de diametre : le travail de ces arbres, leur

préparation

préparation & leur réunion s'exécuteroient comme précédemment : les arbres
feroient équarris, les faces par lefquelles ils doivent fe réunir porteroient des
adents faillants ou rentrants, tels que les circonftances l'exigeroient. Ces pieces travaillées ainfi les unes pour les autres, feroient enfuite réunies enfemble pour compofer d'abord un mât quadrangulaire. On fuivroit d'ailleurs les
mêmes procédés foit pour calculer les diametres intermédiaires d'un tel mât,
foit pour l'arrondiffement de ce mât. Des cercles de fer termineroient &
garantiroient enfin la liaifon de toutes les pièces compofantes.

Le bas-mât d'artimon eft rarement de plufieurs pieces ; cependant celui d'un
vaiffeau de foixante-quatorze canons, peut être formé, ou d'un feul arbre de
vingt-cinq palmes de diametre, ou d'un arbre de vingt palmes & d'un fecond
de dix-fept palmes. Dans les deux cas, on fuit les mêmes méthodes employées relativement à de plus grands mâts, foit pour déterminer les diametres,
foit pour affembler les pieces compofantes, foit enfin pour arrondir l'affemblage & rendre à ces liaifons toute la folidité néceffaire.

Les mâts de hune font faits d'une feule piece, leurs diametres font calculés de la même façon que ceux des autres mâts ; mais ils ne font pas arrondis
dans toute l'étendue de leur longueur. Le pied du mât de hune ou fa plus
groffe extrémité, eft de forme quarrée. Ce pied quadrangulaire a de longueur
$\frac{1}{18}$ de celle du mât. Sa groffeur égale celle du bas-mât, mefurée à la naiffance
du ton ; & cette groffeur eft, comme on voit, trop confidérable, pour qu'un
même arbre puiffe, fans une grande perte de bois, fournir, foit aux dimenfions du pied, foit aux autres groffeurs intermédiaires du mât. Lorfque les
Mâteurs font le choix d'un arbre propre à faire un mât de hune, ce n'eft
pas au diametre du pied de ce mât qu'ils ont égard : ils le choififfent tel qu'il
puiffe fuffire à la groffeur du refte de ce mât, ainfi ils ne fe reglent que fur le
grand diametre qui lui eft affigné par le tarif général. On ajoute enfuite au
pied de ce mât un fupplément de bois néceffaire pour lui donner la groffeur
qu'il doit avoir. C'eft à cet effet qu'on place fur le contour du pied du mât,
en avant & fur les faces latérales ftribord & bas-bord, des planches d'une
épaiffeur convenable. Le pied acquiert ainfi la forme quarrée demandée. Les
chofes étant arrangées, la face arriere de l'arbre qui forme le mât n'éprouve
aucun changement ; les faces avant & latérales font feules recouvertes de
planches. La Figure 36 repréfente un mât de hune. Son pied eft vu par une Fig. 36.
de fes faces de ftribord ou de bas-bord. On doit y remarquer que la groffeur
du pied de ce mât l'emporte beaucoup fur celle du refte du mât. Ce pied a
deux ouvertures en *a* & en *b*, ainfi que deux rainures pratiquées dans l'é-
paiffeur du mât. Ces rainures font deftinées à recevoir des cordages qui viennent embraffer deux rouets placés en *a* & en *b*, & dont le diametre eft à
peu-près celui du pied du mât ; car ils font logés dans fon épaiffeur. Ces

rouets font employés pour élever le mât de hune, jufqu'à ce que fon pied foit au niveau du ton du bas-mât.

Au-deffus de ces rouets eft un trou quarré, qui traverfe le mât d'une face à la face oppofée. Ce trou eft deftiné à recevoir une cheville de fer , nommée *Clef de Mât*, dont la fonction utile eft de foutenir tout le poids du mât de hune élevé & mis en place.

Ce pied de mât, formé de pieces affemblées, eft ceint d'une bande de fer que la Figure donne affez à connoître ; & c'eft ainfi qu'on affure parfaitement la liaifon des pieces qui compofent ce pied de mât , quoique d'ailleurs elles foient bien chevillées.

La tête du mât de hune mérite auffi quelques détails. Près du ton de ce mât, il y a une partie de ce mât placée immédiatement au-deffous de la naiffance du ton , qui n'eft pas arrondie. Son contour eft à 8 faces, & dans la Figure 36 cette partie eft *ogqf*. Elle a de longueur deux fois & demi le diametre du mât ; fa groffeur près du ton eft beaucoup plus confidérable que celle qui eft affignée à ce mât par le calcul des diametres intermédiaires. Cet excès de groffeur , dans cette partie du mât, eft deftinée à former autour du mât, à la naiffance du ton , un rebord folide qui puiffe fervir d'appui au mât de perroquet, dont tout le poids femble devoir repofer fur ce bois excédent. La faillie du bois dans le contour *of* eft d'un pouce ou un pouce ¼. Tous ces mâts de hune font conformés de la même façon. Les mâts de perroquet ont auffi la même forme. Ils font d'une feule piece , & leur pied eft de forme quarrée , dont la groffeur eft égale à celle du mât de hune mefurée près du ton. La feule différence qui regne entre la forme du pied d'un mât de hune & du pied d'un mât de perroquet , confifte en ce que celui-ci porte à l'extrémité un crochet d'un pouce & demi de faillie, tel qu'on le voit dans la Figure 37. Ce crochet fert à retenir ce mât , fi quelqu'effort tendoit à le faire fortir du lieu où il doit être maintenu. La tête du mât de perroquet eft faite comme celle des mâts de hune , excepté que les dimenfions font relatives à celles du mât de perroquet.

Les Vergues d'un vaiffeau font formées d'un feul arbre ou compofées de pieces d'affemblage. La grand'vergue & celle de mifaine font feules formées de plufieurs arbres. Les autres vergues ont des dimenfions qui permettent de les faire d'un feul arbre. Si on confidere le Tarif général relatif aux vergues , on verra quelle eft la grandeur & la pofition , foit du grand diametre , foit du petit diametre, de telle vergue, de tel vaiffeau. Quand aux diametres intermédiaires, ils fe calculent par la méthode employée pour déterminer ceux des mâts.

Les vergues faites d'un feul arbre ne font pas travaillées comme celles d'affemblage. L'arbre n'eft pas équarri , parce que la perte de bois feroit trop confidérable ; mais elles font travaillées de façon que dans chaque point de leur longueur elles aient le diametre calculé. Les dimenfions de cet arbre étant réduites à ce qu'elles doivent être , alors la piece eft arrondie depuis le milieu jufqu'aux extrémités. Cependant il eft, au milieu de la vergue, un efpace qui, au lieu d'être cylindrique , eft a 8 faces. Cet efpace s'étend également de part & d'autre du milieu de la vergue, & fa longueur eft égale à cinq fois le diametre de la vergue. Il eft même à remarquer que dans cette partie la vergue a des diametres plus grands d'un pouce que le diametre défigné par le tarif. C'eft cet excès de groffeur qui a fait donner à cette partie de la vergue le nom de *renfort* ; & c'eft par ce moyen que la vergue eft fufceptible d'une plus grande réfiftance.

Les extrémités d'une vergue font auffi garnies de taquets qui interrompent l'arrondiffement des bouts de la vergue. Déja nous avons fait connoître ce qu'on entend par taquets de vergue. Nous avons dit que la longueur de la vergue furpaffoit l'envergure de la voile qu'elle doit foutenir de toute la longueur des taquets. Cet excédent de longueur ne porte le nom de taquets, que parce que chaque extrémité de la vergue porte des taquets, dont l'ufage eft néceffaire pour la manœuvre des voiles & des vergues.

On forme ces taquets en travaillant au contour de la vergue , & en laiffant au bois une épaiffeur excédente & convenable dans les endroits où ces taquets doivent être placés. *a b c* eft la figure ifolée d'un taquet (*fig.* 38.) Imaginons que le plan de la bafe *A C* foit appliqué fur le contour de la vergue , & que *b c* foit la hauteur du taquet au-deffus du contour de la vergue ; tous les cordages qui s'appliquent contre la tête *b c* d'un tel taquet, feront retenus, & ne pourront gliffer le long de la vergue. Tel eft le genre d'ufage qu'on fait de ces taquets. Pour ajouter encore à la force des premiers taquets placés fur le côté fupérieur d'un bout de vergue , on en place auffi de correfpondants fur le côté oppofé & inférieur, de façon que les cordages font retenus & au-deffus & au-deffous de l'extrémité de la vergue par la tête de chaque taquet correfpondant. Si le bois le permet , ces taquets font corps avec la vergue , autrement ils font faits féparément , & font unis à la vergue (*fig.* 39.)

Toutes les vergues n'ont pas un même nombre de taquets. La grand'vergue & celle de mifaine n'ont qu'un feul rang de taquets, c'eft-à-dire, un fur la vergue , & un au-deffous qui lui eft correfpondant. Les vergues de Perroquet, de civadiere , de contre civadiere , & la vergue feche n'ont auffi qu'un feul rang de taquets. Il y en a deux rangs fur la vergue de Perroquet de fougue, & trois fur les vergues de hune. Voyez Figures 40 & 41.

Lorfqu'une vergue eft mife en place fur un vaiffeau, les taquets correfpondants font placés les uns en avant de la vergue, & les autres à l'arriere. Sur les vergues où il y a plufieurs rangs de taquets à la fuite l'un de l'autre, on

Fig. 38.

Fig. 39.

Figures 40 & 41.

fait régner entre ces rangs une distance de douze ou quinze pouces. C'est l'utilité de ces taquets & la variété de leurs usages qui les ont fait plus ou moins multiplier sur différentes vergues.

Si le diametre d'une vergue doit être si considérable qu'elle ne puisse être formée d'un seul arbre, alors elle est composée ou de deux, ou de trois, ou de quatre pieces. Supposons, pour fixer les idées sur cet objet, qu'on se propose de faire la grand'vergue d'un vaisseau de 74 canons.

Deux arbres de 27 palmes suffisent pour sa construction, parce que la longueur totale de cette vergue doit être de 96 pieds 8 pouces, & son diametre de 2 pieds. Les Mâteurs ont coutume d'assembler les deux arbres composants, de façon que l'un fasse seul une moitié de la vergue ou un bout de la vergue, tandis que l'autre arbre fait l'autre bout de la vergue. Ces arbres font, par conséquent, réunis par leur plus grosse extrémité, & leur écart a une longueur égale à la moitié de la vergue. La Figure 42 ci-jointe représente ces deux pieces vues sur une face, & prêtes à être réunies. Les pieces composantes font donc arrangées relativement l'une à l'autre, de façon que le commencement de leur écart répond au quart de la longueur de la vergue. Les surfaces cd & ef, par lesquelles elles doivent se toucher quand elles feront réunies, ont une longueur égale à la moitié de la vergue entiere. Les arbres destinés à former une telle vergue font équarris dans cette partie de leur longueur, où doit se faire l'assemblage ; & les extrémités d & e de ces pieces font terminées en paumes. Les parties c & f des pieces composantes font donc excavées fous la même forme, afin que l'une des pieces reçoive exactement l'extrémité de l'autre piece.

Les surfaces par lesquelles les pieces se touchent & se réunissent, portent chacune un rang d'adents, saillant dans l'une & rentrant dans l'autre. Ces adents n'ont pas la forme des adents pratiqués sur les pieces composantes d'un mât ; ainsi je vais en donner une description particuliere.

Imaginons (*fig.* 43.) une suite de trapezes, tels que $alrq$, & placés sur une même ligne. Ces trapezes, comme on le voit dans la Figure, font liés l'un à l'autre par leurs bases. La grande base du premier trapeze est jointe à la petite base du trapeze suivant. La différence de ces bases produit de part & d'autre des crochets tels que qs, no, &c. Si on imagine maintenant que tous ces trapezes soient les bases d'autant de prismes droits peu élevés, on aura une idée de la forme des adents qui servent à l'assemblage des pieces composantes d'une vergue.

La longueur réelle de chacun de ces adents, ou la hauteur de ces trapezes est de 5 pieds ; la grande base de chaque trapeze varie de 5 à 8 pouces, suivant la largeur des pieces où ces adents font pratiqués ; & le crochet qs est la demi-différence de la grande à la petite base. Ce crochet a un pouce & demi

de

de faillie. D'ailleurs la profondeur des adents rentrants , ou l'élévation des adents faillants eſt de 15 lignes.

Ce rang d'adents regne, dans l'ordre décrit, depuis le milieu de la vergue juſqu'à chaque extrémité de l'écart. Le premier rang s'étend depuis ɤ juſqu'à la ligne *ab* qui paſſe par le milieu de la vergue, & depuis cette ligne *ab*, une nouvelle ſuite de trapezes placés dans un ordre oppoſé, s'étend juſqu'à l'extrémité de l'aſſemblage. La Figure 43 ſeule fait diſtinguer cette variété, qui contribue à donner la plus grande ſolidité à la réunion des pieces compoſantes.

Les adents des pieces compoſantes étant ainſi exécutés ſous la forme indiquée, alors les pieces ſont réunies l'une à l'autre, & leur union eſt aſſez étroite pour qu'elles ne puiſſent plus gliſſer l'une ſur l'autre dans aucun ſens. Des liens de fer, placés enſuite de diſtance en diſtance ſur la longueur de la vergue, ou plutôt de l'écart, achevent de donner à cet aſſemblage toute la liaiſon qu'il doit avoir.

Une vergue d'aſſemblage eſt d'ailleurs arrondie & travaillée comme les vergues faites d'un ſeul arbre. Si quelquefois on emploie trois ou quatre pieces pour former la même vergue, ce n'eſt pas pour compoſer la longueur totale de la vergue à conſtruire, mais ſeulement pour ſuppléer dans le milieu de la vergue au défaut de groſſeur des deux pieces qui, réunies, forment enſemble la longueur totale de la vergue. Ces deux pieces ſupplémentaires ſont placées ſur chaque côté de la vergue, & on leur donne une longueur aſſez grande pour qu'elles s'étendent ſur la vergue 4 ou 5 pieds au-delà des extrémités des écarts des pieces aſſemblées. Ces pieces collatérales ſont d'ailleurs jointes à l'aſſemblage des deux premieres pieces, à l'aide de nouveaux adents pratiqués & dans les pieces collatérales & dans les faces latérales de la vergue ébauchée. Ces adents ſont rentrants dans les ſupplémentaires, & leur forme eſt la même que celle des adents pratiqués ſur les pieces compoſantes des mâts. Ce nouvel aſſemblage, formé de trois ou quatre pieces, ſe travaille & s'arrondit comme toute autre vergue.

Les vergues, autres que la grand'vergue & la miſaine, ſont toujours faites d'un ſeul arbre. La ſeule vergue d'artimon eſt d'une longueur ſi conſidérable, que ſouvent un ſeul arbre, de groſſeur convenable, ne peut ſuffire pour la former. Alors on y ſupplée par une allonge. Toutes les vergues ont des diametres calculés par la même méthode qui ſert à déterminer ceux des mâts. Les données ſont différentes, mais les réſultats ſe déterminent d'une maniere uniforme. Toutes ces vergues ont d'ailleurs au milieu de leur lonlongueur un renfort tel qu'il a été décrit plus haut. L'étendue du renfort eſt proportionnée à la groſſeur de chaque vergue.

Les arcs-boutants qui tiennent rang parmi les vergues, ſont d'une ſeule piece. Ils ont un crochet de fer à l'une de leurs extrémités ; & c'est l'usage qu'on en fait qui exige un tel crochet. D'ailleurs la forme des arcs-boutants n'a rien de particulier.

Le tangon est exactement ressemblant à une vergue, quant à sa forme. Il peut au besoin remplacer la vergue du petit hunier. Les diametres intermédiaires sont calculés comme ceux des autres vergues.

Les boute-hors conservent la forme des bois employés à les former, excepté que leur gros bout n'est pas arrondi, mais taillé à 8 faces. Le bâton de foc est comme les boute-hors. Son extrémité destinée à saillir hors du vaisseau est terminée par une pomme. Cette partie extrême a toute la grosseur que peut permettre le bois employé à former le bâton de foc, parce qu'on y pratique des mortaises nécessaires aux manœuvres.

Nous bornerons à ces détails l'étendue de ce Chapitre, & nous ne pouvons mieux le terminer qu'en donnant une Table de l'échantillon des arbres employés pour former la mâture entiere d'un vaisseau de 74 canons. Nous l'accompagnerons d'un Tableau général de toutes les pieces de mâture dessinées dans l'état où elles sont employées sur les vaisseaux. Ce sera un résumé complet de tout ce qui est contenu dans le cours de ce Chapitre. Voyez Planches *A* & *B*.

Enumération du nombre & des dimensions des Arbres employés pour composer la Mâture totale d'un Vaisseau de 74 Canons.

Mâts.	*Long.* pi. pou.	*Diam.* pou. lig.	*Ton.* pi. pou.	*Nombre & Dimensions des Arbres nécessaires.*
Grand Mât.	108. 0.	36. 0.	12. 0.	10 Mâts. 1 de 27 palmes. 2 de 23 palmes. 4 de 22 palm. 3 de 21 palmes.
Mât de Misaine	101. 0.	33. 8.	11. 3.	10 Mâts. 1 de 26 palmes. 2 de 22 palmes. 4 de 21 palmes. 3 de 19 palmes.
Mât d'Artimon.	74. 0.	23. 4.	8. 3.	1 Mât de 25 palmes ou 3 Mâts. 2 de 20 palmes. 1 de 17 palmes.
Mât de Beaupré.	63. 0.	34. 6.	....	4 Mâts, chacun de 25 palmes.
Deux grands Mâts de Hune.	66. 0.	19. 6.	6. 8.	2 Mâts de 21 palmes.
Deux petits Mâts de Hune.	64. 0.	19. 6.	6. 5.	2 Mâts de 21 palmes.
Mât de Perroq. de Fougue.	43. 0.	12. 0.	5. 0.	1 Mât de 14 palmes.
Mât de grand Perroquet.	40. 6.	10. 0.	12. 0.	1 Mât de 12 palmes.
Mât de petit Perroquet.	37. 2.	9. 3.	11. 0.	1 Mât de 11 palmes.
Mât de Ferruche.	25. 0.	7. 3.	7. 0.	1 Mât de 9 palmes.
Bâton de Foc.	44. 0.	12. 8.	....	1 Mât de 14 palmes.
Bâton de Pavillon.	44. 0.	7. 4.	....	1 Mât de 10 palmes.
Mâts de la Chaloupe.	....	....	....	1 Mât de 8 palmes. 1 de 7 palmes. 1 espar double, & 4 espars simples.
Mâts des deux Canots.	....	....	....	1 Mât de 7 palmes. 3 espars doubles, & 4 espars simples.
Vergues.			*Taquets.*	
Grand'Vergue.	96. 8.	24. 0.	4. 8.	2 Mâts égaux de 26 palmes.
Vergue de Misaine.	88. 0.	22. 0.	4. 4.	2 Mâts de 24 palmes.
Vergue d'Artimon.	88. 0.	17. 6.	1. 0.	1 Mât de 19 palmes.
2 Vergues de grand Hunier.	66. 0.	16. 0.	4. 8.	2 Mâts de 19 palmes.
2 Vergues de petit Hunier.	58. 8.	14. 6.	4. 3.	2 Mâts de 18 palmes.
Vergue de Civadiere.	66. 0.	16. 0.	5. 6.	1 Mât de 19 palmes.
Vergue seche.	58. 8.	13. 0.	4. 0.	1 Mât de 16 palmes.
Verg. de Perroq. de Foug.	40. 4.	10. 0.	2. 6.	1 Mât de 13 palmes.
Vergue de grand Perroq.	36. 0.	8. 1.	2. 4.	1 Matéreau de 11 palmes.
Vergue de petit Perroquet.	32. 0.	7. 3.	2. 2.	1 Matéreau de 9 palmes.
Vergue de Perruche.	29. 4.	6. 0.	2. 0.	1 Matéreau de 8 palmes.
Verg. de contre-Civadiere.	36. 0.	8. 0.	2. 4.	1 Matéreau de 11 palmes.
2 Arcs-boutants ferrés.	48. 0.	9. 0.	....	2 Matéreaux de 10 palmes.
2 grands Boute-hors.	40. 0.	8. 0.	....	2 Matéreaux de 9 palmes.
2 petits Boute-hors.	36. 8.	7. 4.	....	2 Matéreaux de 8 palmes.
Jumelle de Campagne.	....	....	....	1 Mât de 16 palmes, & 1 de 15 palmes.
Tangon.	58. 0.	11. 8.	....	1 Mât de 15 palmes.

CHAPITRE III.

De l'Art de mâter les Vaiffeaux.

Jusqu'ici les mâts ont été confidérés dans l'attelier des Mâteurs. C'eft-là qu'ils ont été compofés & conformés chacun féparément. Maintenant il faut expofer comment on les établit dans les places qui leur font affignées. Il faut détailler tous les moyens qu'on emploie, foit pour mâter un vaiffeau de fes bas-mâts, foit pour élever au-deffus des premiers les mâts de hune ou de perroquet, foit enfin pour les joindre, les unir l'un à l'autre, & leur affurer une fituation invariable.

Tous ces détails doivent être préfentés avec ordre & netteté; ainfi, pour fatisfaire à de telles conditions, je vais commencer par faire connoître quelques travaux préliminaires dont le but eft de préparer les mâts, comme il convient à la jonction des mâts partiels deftinés à compofer enfemble un feul & même mât.

Le bas-mât d'un vaiffeau doit porter immédiatement le mât de hune, & ce bas-mât s'appuie fur la carlingue du vaiffeau. La tête d'un tel mât doit donc être préparée de façon qu'elle puiffe être unie étroitement au mât de hune, & fon pied doit être conformé pour la place qu'il doit remplir.

Nous avons dit dans le Chapitre précédent qu'un bas-mât étoit arrondi dans toute l'étendue de fa longueur; mais lorfqu'on veut l'établir à bord d'un vaiffeau, alors on équarrit fon pied jufqu'à la hauteur de 15 ou 18 pouces, de façon cependant que les côtés ftribord & bas-bord aient plus de longueur que les faces avant & arriere du pied de ce mât. La place d'un tel mât avoit déja été marquée dès la conftruction du vaiffeau, & l'emplacement propre à le recevoir avoit été préparé. Les Marins nomment cet emplacement *Carlingue de mât.* Cette carlingue eft formée par deux fauffes varangues de porque, placées à 6 pieds de diftance l'une de l'autre, & par deux pieces de bois, nommées *Flafques*, qui croifent les premieres, & font éloignées entre elles du diametre du pied du mât. Les flafques ont des extrémités préparées pour être reçues dans des entailles faites à queue d'aronde dans les varangues, & leur direction eft parallele à la longueur du vaiffeau ainfi qu'à l'horifon.

Soient *OM* & *RN* (*fig.* 44 & 45) une partie des varangues de porque, foient *a c* & *b d* les flafques, qui ordinairement ont 2 pieds de hauteur & 6 ou 7 pouces d'épaiffeur, & qui d'ailleurs excedent de quelques pouces les fauffes varangues de porque. L'efpace *a b c d* eft le lieu du pied du mât. Il eft

Figures 44 & 45.

trop grand, dans un fens, pour être rempli par le feul pied du mât; mais des billots
placés dans les vuides, fervent alors de fupplément à l'épaiffeur du mât. Les flafques font affujetties dans la place qui leur eft affignée par de forts taquets placés
en dehors du lieu du mât, & qui garantiffent ainfi la folidité de leur pofition.

C'eft ainfi qu'on forme la carlingue du bas-mât d'un vaiffeau, & le pied
du mât eft taillé convenablement. La tête de ce mât eft auffi travaillée de façon
que le mât de hune foit établi auffi folidement qu'il doit l'être. On met en
avant & au haut du bas-mât une jumelle de racage dont on voit la forme
FIGURES
46 & 47. dans les Figures 46 & 47. Cette jumelle eft une piece de bois de chêne qui
a de longueur le quart de celle du mât. Elle eft placée fur la partie antérieure
du mât, de façon que le bord fupérieur *a b* répond à la naiffance du ton du
mât. Cette jumelle eft deftinée à empêcher que le mât de hune, lorfqu'on
l'éleve, ne frotte & ne déchire les haubans du bas-mât. Cet ufage a fait prefcrire à la jumelle une épaiffeur variable fuivant la groffeur de ces haubans.
Cette épaiffeur varie depuis trois jufqu'à cinq pouces dans la partie fupérieure
de la jumelle, enfuite elle diminue depuis *om* jufqu'à *cd*, où elle n'eft que
de deux pouces. La face de cette jumelle qui touche le mât eft concave, &
celle qui lui eft oppofée *a o b m* eft plane. Lorfque cette jumelle ainfi confor-
mée a été appliquée fur la partie antérieure du mât, la convexité du mât fait
qu'il regne de chaque côté des vuides qui font remplis par des morceaux de
de bois nommés *Fourures*. La forme & l'arrangement de ces fourures font
telles que les deux côtés du mât, ainfi que fa partie intérieure, font alors
terminés par des furfaces planes. Si on veut connoître les raifons qui font
donner une forme femblable à la tête du bas-mât, il faut fe rappeller comment eft conformé le pied du mât de hune. Il eft de forme quarrée, & comme
il doit fe trouver placé en avant du bas-mât, près de la naiffance du ton, on
fait en avant de ce mât un emplacement ou plutôt une couliffe de figure
quarrée pour le recevoir. La face plane & antérieure de la jumelle eft une
face de ce quarré ou le fond de cette couliffe. Enfuite deux morceaux de bois
nommés *Jottereaux*, cloués fur les fourures de ftribord & de bas-bord, &
faillants en avant de la jumelle, fervent à former les deux côtés de cette couliffe quarrée, qui fert à diriger le mât de hune pendant fon guindage, & à recevoir le pied de ce mât lorfqu'il eft tout-à-fait élevé & mis en place.
FIG. 48. La Figure 48 préfente la forme de chaque jottereau; la longueur *a b* eft
le $\frac{1}{7}$ du ton du bas-mât; la largeur eft les $\frac{5}{7}$ de la longueur, & l'épaiffeur
eft $\frac{1}{7}$ de la largeur. Les jottereaux font d'ormeau ou de chêne. Ils font
placés fur chaque côté du mât, de façon que la même ligne qui feroit tan-
gente à l'arriere du mât, le feroit auffi aux deux bords arrieres des jottereaux,
tandis qu'en avant du mât ils font faillants & dépaffent le mât, ainfi que
la jumelle. Les jottereaux font chevillés au mât, & la jumelle eft liée avec

le

le mât par plufieurs tours de cordage, répétés en divers points de fa lon- gueur. Si le bord fupérieur de la jumelle correfpond à la naiffance du ton, le bord fupérieur de chaque jottereau eft placé plus bas, à une diftance égale à la hauteur des barres, dont nous parlerons bientôt, lorfqu'il fera queftion de placer les mâts fur un vaiffeau.

Figure 46. Cet appareil des jottereaux & de la jumelle n'eft relatif qu'à l'établiffement du mât de hune; & comme ces pieces euffent été moins fa- cilement unies au bas-mât, fi on l'eût établi auparavant dans la place qu'il doit occuper, on exécute donc ces ouvrages avant l'opération de mâter un vaiffeau. *FIG. 46.*

L'extrémité du ton d'un bas-mât eft auffi travaillée relativement au mât de hune. On équarrit le bout du ton de façon qu'après cette opération, il ait la forme d'un tenon : ce tenon a de hauteur les $\frac{1}{7}$ du petit diametre du bas- mât. On verra bientôt l'ufage de ce tenon. La Figure précédente préfente la tête d'un bas-mât garnie de fa jumelle, de fes jottereaux, & terminée par un tenon.

C'eft ainfi qu'un mât eft préparé & difpofé à être mis en fa place fur le vaiffeau auquel il eft deftiné; & c'eft réellement ici que commence la def- cription de l'Art de mâter un vaiffeau.

Un bas mât eft, comme nous l'avons vu, l'affemblage de plufieurs arbres confidérables ; il eft ceint de cercles de fer : ainfi, tout confidéré, un mât eft une maffe d'un poids énorme. Lorfqu'on veut mâter un vaiffeau, il faut élever de tels mâts du niveau de la mer, au-deffus du plus haut pont. Il faut qu'élevés ils foient à peu-près dans une pofition verticale ; alors on préfente leur gros bout vis-à-vis des ouvertures circulaires faites aux ponts du vaiffeau, & on les fait ainfi defcendre avec ménagement ; leur pied traverfe ainfi les ponts & la cale pour venir repofer enfin fur la carlingue qui lui eft prépa- rée. Une telle opération exige fans doute de très-grandes forces mifes en action, foit pour élever, foit pour foutenir dans fa defcente un corps d'un poids auffi confidérable. La longueur du bas-mât, ainfi que l'élévation de l'acaftillage d'un vaiffeau, obligent auffi de placer les forces néceffaires à une très-grande hauteur au-deffus du niveau de la mer. Auffi dans chaque port il y a une machine deftinée uniquement à faciliter une telle opération : elle tire fon nom de fon ufage, & porte celui de *Machine à mâter.* Il eft à propos de faire connoître particuliérement cette machine, parce qu'elle eft une par- tie effentielle de l'Art de mâter les vaiffeaux. A Breft & à Toulon ces machi- nes font établies fur des quais en pierres ; mais à Rochefort cette machine eft flottante. Ces machines des différents ports ne différent cependant que par la bafe qui leur fert d'appui ; ainfi nous nous contenterons de décrire celle de Rochefort, & cette defcription fuffira pour donner une idée de celles des au- tres Ports.

MATURE.

Si on imagine qu'un gros vaiſſeau ait été raſé , juſqu'à ſon premier pont ex-clufivement , on aura l'idée d'un ponton & de cette baſe qui ſert d'appui à la machine à mâter du port de Rochefort. Au milieu de ce ponton eſt un grand mât , & ſur le pont ſont placés pluſieurs cabeſtans. Sur le côté de ce ponton & au milieu du contour du pont, il y a trois grands mâts ſitués dans le même plan, dont le pied repoſe ſur le contour du ponton , & qui s'appuyent les uns ſur les autres, en formant enſemble, par leur liaiſon , l'aſſemblage le plus

FIG. 49.   fort & le plus ſolide (*fig.* 49). Ces trois mâts ne ſont pas paralleles l'un à l'autre ; ils tendent à ſe réunir par leur ſommet. Le plan dans lequel ſont placés ces trois mâts, eſt incliné à l'horiſon , & la tête de cet aſſemblage eſt retenue par un très-grand nombre de gros cordages qui, d'un côté, ſont atta-chés à différents points de la longueur de ces mâts , & de l'autre côté ſont liés au bord oppoſé du ponton. Conſidérons ſéparément le ſyſtême de ces trois mâts (*fig.* 50) ; les deux mâts extrêmes *N* & *S* nommés *bigues*, ont

FIG. 50.   chacun cent un pied de longueur , & vingt pouces de groſſeur à leur gros bout : le mât *R* qui tient le milieu, & qui eſt nommé *ſous-barbe* , eſt de quatre-vingt-quinze pieds de longueur, & de vingt-un pouces de diametre à ſon gros bout. La diſtance réciproque des pieds de ces trois mâts eſt de douze pieds. Ces trois mâts ſont liés les uns aux autres par de fortes traverſes nom-mées *entre-toiſes*, placées horiſontalement ſur divers points de leur longueur, & traverſant chacune les trois mâts *N*, *S* & *R*. Cet aſſemblage , par ce moyen , devient un tout très-ſolide & ſuſceptible de la plus grande réſiſtance. Cet aſſemblage placé ſur le côté du ponton, eſt incliné à l'horiſon de façon

FIG. x.   que (*fig. x*) *t z* repréſentant ſa poſition , & *z s* étant une ligne verticale, la ligne *t s* ou l'écartement de la verticale eſt égale à 17 ou 18 pieds. Ces lignes , ainſi que la ſous-barbe , ſont maintenues dans cette poſition, non-ſeulement par les cordages ou haubans attachés ſur l'autre bord du ponton, mais auſſi par deux fortes pieces de bois nommées *antennes* , dont une ex-trémité eſt liée au mât du ponton, & l'autre à la ſous-barbe (*fig.* 49) ; l'an-tenne *f d* a cinquante-cinq pieds de longueur & ſeize pouces de diametre ; tandis que la ſeconde antenne *e c*, a ſoixante-onze pieds de longueur & vingt pouces de diametre. Ces antennes ſont elles-mêmes ſoutenues par des haubans multipliés qui ſont attachés à différents points de leur longueur, & ſont retenus par le mât du ponton. On doit remarquer dans ce détail que l'an-tenne ſupérieure eſt d'un échantillon plus fort que l'inférieure *f d* ; & c'eſt par la raiſon que celle-là eſt ſeule chargée de la fonction de mâter un vaiſſeau : en effet, cette antenne paſſe entre les bigues , ſur la tête de la ſous-barbe qui lui ſert d'appui, & ſaille en dehors du plan du ſyſtême des mâts d'une certaine quantité telle que *o c*. C'eſt ſur cette partie ſaillante de l'antenne que font placées les caliornes & les poulies néceffaires au mâtage des vaiffeaux. On voit dans la figure 49, trois groffes poulies attachées au bout de l'antenne, & correfpondantes à autant de poulies inférieures: celles-ci font terminées par des crocs ou crochets par lefquels elles accrochent les bagues de cordes qui embraffent le mât qu'on veut élever. Le gros cordage qui paffe dans les caliornes, fe rend & fe garnit aux cabeftans placés fur la longueur du ponton. C'eft à l'aide des cabeftans & des caliornes foutenues par les bigues qu'on tire un mât hors de l'eau, qu'on le difpofe dans une fituation verticale, & qu'on l'éleve jufqu'au-deffus du plus haut pont du vaiffeau à mâter, en lui confervant toujours fa pofition verticale. Lorfque le pied du mât eft élevé au-deffus du pont, & qu'il répond aux étambrages ou aux ouvertures des ponts, alors on l'abandonne avec ménagement à fon propre poids, & on le fait defcendre verticalement par les étambrages jufqu'à ce que fon pied s'engage & s'appuie dans la carlingue qui lui a été préparée. Telle eft l'opération de mâter un vaiffeau, & telle eft la mâchine qui fert à cet ufage au Port de Rochefort. Les machines de Breft & de Toulon qui portent fur une bafe plus fixe & plus folide, ont une plus grande inclinaifon vers la mer, que celle de Rochefort. Si on a mis cette différence d'inclinaifon, c'eft que la machine à mâter de Rochefort étant flottante, lorfque les bigues font chargées du poids d'un gros mât, elles s'inclinent vers la mer, ainfi que le ponton qu'elles entraînent, & il réfulte de cette nouvelle inclinaifon que l'éloignement *t s* de la verticale eft alors de vingt-un ou de vingt-deux pieds : c'eft cet éloignement de vingt-deux pieds qui eft obfervé dans l'inclinaifon des bigues plus fixes de Breft & de Toulon, & qui eft fondé fur ce qu'un gros vaiffeau a fouvent quarante-quatre pieds de largeur. Par cè moyen le fommet des bigues répond toujours à peu-près verticalement au milieu du vaiffeau deftiné à être mâté, & le mât étant élevé au-deffus du pont, fon pied fe trouve alors exactement au milieu de l'étambrage. Cette moindre inclinaifon des bigues dans la machine à mâter de Rochefort, eft accompagnée d'un grand avantage ; les haubans les foutiennent avec plus de fermeté, les antennes font moins longues, les bigues font plus courtes, & tout l'affemblage eft enfin plus folide & mieux lié.

C'eft à l'aide de la machine à mâter, qu'on éleve & qu'on met à leur place les bas-mâts d'un grand mât, du mât de mifaine & du mât d'artimon, ainfi que le mât de beaupré. Les pieds de tous ces mâts différents font travaillés fous une forme convenable avant d'être préfentés aux places qu'ils doivent occuper. Sur ce fujet, nous n'avons encore décrit que la forme du pied du grand mât ; mais le pied du mât de mifaine eft équarri de la même maniere, & fa carlingue eft abfolument femblable à celle du grand mât : elle exige feulement quelques attentions préliminaires, parce que les fauffes varangues qui doivent former cette carlingue, portent le marfouin ; ainfi, avant de placer ces varangues, il faut remplir les vuides qui regnent entre les flancs du vaiſſeau & ce marſouin. On y entaille des pieces de bois, & c'eſt alors ſur ce maſ-ſif, ainſi que ſur le marſouin, que les fauſſes varangues ſont établies : on les traverſe par deux flaſques, & cet aſſemblage forme la carlingue du mât de miſaine. La tête de ce mât eſt auſſi diſpoſée convenablement pour l'établiſ-ſement du petit mât de hune ; une jumelle de racage couvre la partie antérieure du mât, des fourrures placées ſtribord & bas-bord, avec des jottereaux cloués ſur ces fourrures & ſaillants en avant de la jumelle, donnent ainſi à la tête de ce mât une forme ſemblable à celle de la tête du grand mât. Le bout du ton eſt auſſi équarri ; & ſon tenon a une hauteur qui eſt au diametre du ton dans le rapport énoncé précédemment pour le grand mât.

Le mât d'artimon a auſſi une carlingue, mais elle n'eſt pas placée ſur la carlingue du vaiſſeau ; c'eſt une ſeule piece de bois établie ſur le premier pont qui compoſe toute la carlingue du pied de ce mât. Elle eſt portée & en-taillée ſur deux barrots du pont ; ſon épaiſſeur eſt de huit pouces dans les grands vaiſſeaux, & ſa largeur eſt de vingt pouces. C'eſt dans cette piece qu'on fait une excavation propre à recevoir le pied équarri du mât d'arti-mon. La tête du mât d'artimon eſt auſſi garnie d'une jumelle & de deux jot-tereaux, & ſon ton eſt terminé par un tenon.

Le pied du mât de beaupré repoſe auſſi ſur une eſpece de carlingue dont la forme eſt particuliere. Voici comme elle eſt conſtruite : ſur le premier pont & un peu en avant du mât de miſaine, on établit une groſſe piece de bois Fig. 51. nommée *Couſſin de beaupré*, parce qu'effectivement elle ſert d'appui au pied de ce mât incliné. Ce couſſin porte ſur les bordages du pont ; & il eſt en-taillé vis-à-vis des taquets des bittes. Il a plus de hauteur que ces taquets, & il les excede de ſept à huit pouces : ſa longueur eſt de vingt pouces, ſon épaiſſeur eſt de quinze pouces, ainſi que ſa hauteur, dans les vaiſſeaux de ſoi-xante-quatorze canons. Au milieu de ce couſſin, & dans ſon épaiſſeur, il y a une excavation faite pour recevoir le pied du beaupré ; le pied de ce mât eſt équarri, mais ſous une forme particuliere. Après l'équarriſſage, ce pied reſſemble à un tenon dont la longueur eſt de deux pieds, & dont les quatre faces ne ſont pas paralleles. La face inférieure par laquelle le beaupré repoſe ſon pied ſur le couſſin eſt parallele au pont ; les autres faces ſont ſituées ſur la direction du beaupré. Le bout du pied de ce mât ainſi travaillé, s'appuie contre le rebord de l'entaille du couſſin. La coupe du mât qui ſemble cou-ronner le pied équarri du mât, n'eſt pas d'une forme circulaire. Le plan de cette coupe eſt oblique à l'axe du mât, & fait avec cet axe un angle égal au complément de l'inclinaiſon de ce mât à l'horiſon.

Ce mât repoſe ainſi ſon pied ſur un couſſin, & il porte ſur l'extrémité de l'étrave : mais ſi ſon poids eſt aſſez bien ſoutenu, ce mât n'eſt pas encore

maintenu

maintenu dans la situation qui lui est prescrite. Il faut d'autres moyens pour rendre cette situation aussi fixe qu'elle doit l'être ; c'est à cet effet qu'on a imaginé de placer verticalement entre le premier & le second pont, deux fortes
pieces de bois assemblées par leur épaisseur, & dont la largeur est parallele à
celle du vaisseau. Cet assemblage est placé en avant du mât de misaine, &
de façon que le pied du mât équarri le traverse par son épaisseur, & passe
par une ouverture quarrée pratiquée au bas de ces pieces assemblées & nommées *flasques de beaupré*. L'usage de ces flasques est, comme on voit, d'empêcher les mouvements du pied de ce mât : ces flasques sont d'ailleurs situées
solidement. Le pied de ces flasques est reçu dans une entaille faite dans les
bordages du pont, & leur tête est entaillée pour être réunie au bau supérieur qui leur correspond. La largeur de ces flasques est de quatre pieds,
& leur épaisseur est de sept pouces. La coupe circulaire du beaupré s'appuie
contre la face antérieure de ces flasques, le pied équarri repose sur le coussin en arriere des flasques, & ces flasques empêchent que ce pied puisse
prendre un mouvement vertical ni latéral. Afin de mieux assurer la position
du beaupré, on établit en avant des flasques & sous le beaupré, un nouveau coussin qui s'éleve jusqu'à ce mât incliné. On augmente encore tout cet
appareil de deux montants verticaux, placés en avant du dernier coussin & de
part & d'autre du mât. Ces montants sont dans un plan parallele aux flasques,
& ils s'opposent à tout mouvement latéral du mât. On obvie encore au mouvement vertical du même mât, par le moyen de bordages de quatre pouces
d'épaisseur placés horisontalement, & dont les extrémités sont clouées sur les
montants verticaux. C'est par tout cet appareil qu'on réussit à donner au
beaupré la situation la plus ferme & la plus invariable. La tête du beaupré
est aussi travaillée sous une forme qui lui est particuliere. Ce mât n'a pas de
jumelle de racage ni de jottereaux, mais de chaque côté de la tête de ce mât
& le long du bout de ce mât, on place deux pieces de bordages conformées
comme dans la Figure 53 ; & unies au mât par leur épaisseur : ces deux pieces se nomment *violons de beaupré*. Leur longueur est un douzieme de celle
du mât ; leur largeur est le tiers de leur longeur, & leur épaisseur est un
sixieme de leur largeur. Les deux demi-cercles dont les violons sont composés, ont pour rayons la largeur des violons. La partie supérieure du contour du
beaupré, comprise entre les violons, a une surface plane. La tête du beaupré
est terminée par un tenon qui n'est pas de forme quarrée comme dans les autres mâts. Ce tenon est semi-circulaire, son contour est circulaire en dessous,
& terminé en dessus par une surface plane, *fig. 54.*

    Lorsqu'à l'aide de la machine à mâter déja décrite, les bas-mâts d'un vais-
seau ont été mis en place, alors on donne tous les soins à les étayer dans
tous les sens ; cependant on garnit auparavant la tête de ces mêmes mâts de

MATURE.   P

Fig. 52.

Fig. 51.

Fig. 53.

Fig. 54.

tout l'appareil néceſſaire à l'établiſſement des mâts partiels plus élevés, qui doivent par leur longueur ajouter à la hauteur du bas-mât.

Comme un mât de hune ne s'ajoute pas au bas-mât, bout-à-bout, & que le pied de l'un ne s'appuie pas ſur la tête de l'autre; comme enfin le mât de hune eſt placé en avant du bas-mât, de façon que ſon pied correſponde à la naiſſance du ton du bas-mât; il faut donc employer tous les moyens néceſſaires; ſoit pour ſoutenir le poids de ce mât de hune, ſoit pour l'unir ſolidement au bas-mât, afin que les deux mâts liés enſemble, ne forment enſuite qu'un ſeul tout.

C'eſt afin de ſatisfaire à tous ces objets, qu'on commence par placer ſur l'épaiſſeur des deux jottereaux deux barres qui ſont nommées *élongis*, & qui ſont deux pieces de bois dont la longueur eſt égale à la moitié du bau, moins ſix ou huit pouces; leur largeur eſt égale aux $\frac{1}{7}$ de la longueur, & leur épaiſſeur eſt la moitié de leur largeur. La Figure 55 préſente la forme de ces barres qui ſont placées dans le ſens de la longueur du vaiſſeau, poſition qui leur a fait donner le nom d'élongis. Ces barres ſont chevillées au bas-mât.

Fig. 55.

Sur ces premieres barres qui portent des entailles & en arriere & en avant du bas-mât, on établit deux nouvelles barres qui s'aſſemblent avec les premieres, en les croiſant perpendiculairement à leur longueur, & portent le nom de traverſins. L'un de ces traverſins eſt placé en avant du bas-mât à une diſtance égale à l'épaiſſeur ou du pied du mât de hune, ou du ton du bas-mât. Le deuxieme traverſin eſt tangent au contour de l'arriere du bas-mât. Ces deux traverſins ont les dimenſions des élongis. Les entailles faites dans les traverſins ont de profondeur le tiers de leur épaiſſeur. Ces entailles correſpondent à d'autres entailles faites ſur les élongis; les unes ſont faites ſur la largeur des traverſins, les autres ſur l'épaiſſeur des élongis; de ſorte que ces barres étant aſſemblées, leurs faces ſupérieures ſont toutes dans un même plan. Les élongis, d'ailleurs, ſont entaillés d'un pouce & demi vis-à-vis les bas-mâts auxquels ils ſont unis, *fig.* 57.

Fig. 56.

Si ces barres ont de fortes dimenſions, c'eſt qu'elles ſont deſtinées à porter un poids conſidérable. Elles ſoutiennent ſeules les poids réunis & du mât de hune & du mât de perroquet. C'eſt après avoir fait connoître & l'uſage de ces barres, & les places qui leur ſont aſſignées, qu'il eſt à propos de décrire leur forme: cet article appartient encore à la deſcription de l'Art de la Mâture, & nous devons les traiter tous d'une maniere circonſtanciée.

Les élongis, ainſi que les traverſins, ſont de chêne, mais ils ne ſont pas de même forme. Celle des élongis eſt ſans courbure; ces barres ſont droites & conſervent dans toute leur longueur la même largeur & la même épaiſſeur, excepté aux extrémités où les angles inférieurs de ces barres ſont ordinai-

rement émouſſés ; les traverſins conſervent bien auſſi les mêmes dimenſions
dans toute leur étendue , mais ils ne ſont pas droits dans tous les ſens. Ces
barres ont une courbure dans le ſens de leur longueur ; cette courbure eſt
réguliere ; & voici comment les Mâteurs la déterminent (*fig. 56.*) Soit ab Fig. 56.
le traverſin courbe, & ab la ligne droite qui paſſe par les deux extrémités.
Les Mâteurs ont pour regle générale de faire égale à la demi-largeur du
traverſin, la fleche cd, dont le traverſin, par ſa courbure, doit s'éloigner de
la droite ab. Cette ordonnée correſpondante au milieu du traverſin, étant
toujours donnée, le problême conſiſte à trouver toutes les autres ordonnées
correſpondantes aux divers points du contour du traverſin. Soit om, un quart   Fig. 58.
de cercle décrit du point q avec un rayon égal à la fléche cd ; ſoit enſuite
diviſé l'arc om en autant de parties égales qu'on imagine de parties égales
dans la demi-corde db ou ad du traverſin, & ſoient enſuite menées les ordonnées du quart de cercle, par ces points de diviſion. Ces mêmes ordonnées ſeront celles du contour du demi-traverſin cb ou ac. C'eſt ainſi qu'on détermine la courbure du traverſin de l'arriere : celle du traverſin de l'avant eſt
tracée par les mêmes moyens, en prenant pour rayon qm les deux tiers de
la largeur de ce traverſin.

C'eſt ſous cette forme que les traverſins & les élongis ſont aſſemblés. Ces
barres étant ainſi établies à leur place ſur la tête du mât, alors on cloue ſur
la face extérieure de chaque élongis, & entre les traverſins, un couſſin de
bois de ſapin dont la forme eſt repréſentée dans la Figure 59. La face $abcd$ Fig. 59.
de ce couſſin s'applique contre l'élongis ; ſa hauteur ad, eſt celle de la barre, &
ſon épaiſſeur eſt auſſi celle de l'elongis : ces couſſins ſont deſtinés par leur
rondeur & leur molleſſe, à conſerver les haubans.

La tête du grand mât n'eſt pas ſeule garnie d'un aſſemblage de barres.
Celle du mât de miſaine, ainſi que celle du mât d'artimon, ſont préparées
de la même façon, parce que ces bas-mâts ſoutiennent auſſi des mâts élevés.
Les barres du mât de miſaine, ont un pied, en longueur, de moins que celles
du grand mât : les autres dimenſions de ces barres ſont calculées d'après leur
longueur dans les mémes rapports qui ont été établis entre les dimenſions des
barres du grand mât. Ces barres ont la même forme & s'aſſemblent entr'elles ;
ainſi qu'avec la tête de chaque mât, de la même façon.

C'eſt lorſque les mâts ſont ainſi garnis de leurs barres qu'on travaille à les
maintenir dans la ſituation droite qu'ils doivent avoir. Les ouvertures circulaires faites aux ponts des vaiſſeaux, & placées les unes au-deſſus des autres,
annoncent d'avance la direction réelle qu'on doit donner aux mâts qui les
traverſent.

Un bas-mât eſt maintenu dans une ſituation droite par pluſieurs cordages
qui le ſaiſiſſent à la naiſſance du ton, & qui viennent l'attacher & le roidir,

les uns à l'avant du mât , & les autres fur les côtés , ainfi qu'à l'arriere du même mât. Les premiers font nommés étais , & les feconds haubans. Ils s'attachent tous à différents points du vaiffeau.

On commence par capeler les haubans , (un cordage eft dit capelé , lorf-qu'il embraffe l'objet auquel il eft attaché , ou par un œillet , ou parce que paffant autour de cet objet , il fe redouble fur lui-même). Les haubans font capelés avant les étais. Si un cordage *e a c d*, eft mis en double , & qu'au-def-fous du point du milieu où il revient fur lui-même , on unit enfemble , au point *u* , par exemple , les deux branches de ce cordage; on forme ainfi un œillet *a u* ; une paire de haubans eft formée de même : un même cordage les compofe ; & ces deux haubans réunis font capelés au ton du mât à l'aide de l'œillet *a u*. Quelquefois il y a des haubans fimples , lorfque ceux d'un mât font impairs , mais cela eft très-rare, & ordinairement les haubans font diftribués par paire de chaque côté du mât. Chaque paire de haubans capelés , repofe ainfi fur le bord des élongis , & le couffin placé fur chaque face latérale de ces barres empêche que les cordages ne foient ni écorchés ni coupés. Les Ma-rins affignent un nombre différent de haubans aux mâts de différents vaif-feaux. Il font auffi régner un ordre déterminé entre les capelages de divers haubans d'un même mât. Ils capelent , 1° les deux haubans de ftribord du grand mât ; 2° une paire de haubans à bas-bord du même mât ; 3° une autre paire de haubans eft enfuite placée de nouveau à ftribord de ce mât , & ainfi de fuite alternativement. Les grands mâts des gros vaiffeaux ont jufqu'à dix haubans de chaque côté.

Il faut remarquer que chaque hauban porte a fon extrémité un cap de mou-ton qui eft une fphere applatie percée de trois trous placés triangulairement , comme on le voit dans la Figure 60. Le bout de chaque hauban embraffe le contour du cap de mouton qui a une rainure fur fon épaiffeur ; & il vient s'amarer fur la longueur du hauban. Les divers haubans d'un même mât ont tous une place fixe. Le premier hauban , c'eft-à-dire , celui qui eft placé en avant de tous les autres , répond toujours au milieu du mât; les autres hau-bans font placés à la fuite & fur la même ligne , en fuivant les contours du vaiffeau. Leur diftance réciproque fur les porte-haubans eft à peu-près de cinq pieds , fi les circonftances le permettent. Ces caps de mouton dont les hau-bans font garnis , fervent à roidir ces mêmes haubans , & pour y parvenir , on fe fert d'autres caps de mouton fixés folidement fur les côtés du vaiffeau ; un cordage lace enfemble & le cap de mouton fixé , & celui porté par l'ex-trémité du hauban correfpondant , & ces caps de mouton , en fe rapprochant , roidiffent le hauban autant qu'il devient néceffaire.

Les haubans, comme on voit dans la Figure 61, ne maintiennent un mât qu'avec une énergie proportionnée à la grandeur de l'angle qu'ils font avec

le

le mât. Le bas-mât, un hauban & la plus grande largeur correspondante du vaisseau forment toujours un triangle dont un des angles est celui du hauban avec l'axe du mât, & dont le sinus est toujours proportionnel à la largeur correspondante du vaisseau. Comme les vaisseaux ont une rentrée plus ou moins grande, au-dessus de leur fort, on n'attache pas les caps de mouton fixes, sur les côtés extérieurs d'un vaisseau, parce qu'alors l'angle des haubans & du mât seroit trop petit ; mais on établit horisontalement un assemblage de fortes planches ou bordages qui s'unit au côté du vaisseau par son épaisseur, & qui porte le nom de porte-haubans. Des courbes placés dessus & dessous ces porte-haubans les lient étroitement avec le flanc du vaisseau : leur longueur est de 40 pieds, & leur épaisseur de 5 pouces. Dans les gros vaisseaux, leur largeur & leur saillie extérieure est égale à la rentrée du vaisseau dans les points où correspondent ces portes-haubans. C'est sur le bord saillant & extérieur de ces porte-haubans que sont placés les caps de mouton fixes. Chacun de ces caps est ceint d'une bande de fer, à laquelle tient une chaîne de fer, composée de deux chaînons, & dont le second chaînon est attaché sur un membre du vaisseau. C'est avec ces caps de mouton, aiusi fixés sur le bord des portes-haubans, que les caps de mouton des haubans sont lacés avec un cordage nomme *ride* ; & c'est de-là que les Marins ne disent pas roidir ou tendre les haubans, mais rider les haubans. Fig. 62.

Les haubans étant placés, on capele les étais qui ne sont pas semblables aux haubans ; ceux-ci sont des cordages à quatre torons, & les étais sont des cordages deux fois commis. Un étai porte à son extrémité un œillet dans lequel on fait passer l'autre bout du même étai, jusqu'à ce que cet œillet soit arrêté par une pomme placée sur la longueur de l'étai, & faite avec un quarantenier. L'étai est ainsi terminé par une espece de collier, à l'aide duquel il embrasse & le ton du mât & les haubans déja capelés. Au-dessus & après cet étai, on en capele un second nommé faux-étai qui est moins gros que le premier, & qui est formé de la même maniere. Ces deux étais portent chacun à leur extrémité une moque embrassée par le bout de l'étai qui vient s'amarer sur la longueur de l'étai. Chaque moque représentée dans la Figure 64, correspond à une autre moque avec laquelle elle se ride. Ces secondes moques correspondantes à celles portées par les étais, sont placées en avant du mât de misaine, & portées chacune par un cordage nommé *collier* ; ce collier est de même grosseur que l'étai correspondant. Au milieu de la longueur du cordage qui le forme on place cette moque dont le contour cannelé est embrassé par les deux branches égales de ce cordage : ces deux branches, après avoir été amarées ensemble sous la moque, s'écartent l'une de l'autre, passent de chaque côté du mât de misaine, & viennent se croiser sous l'étrave & sous la courbe de capucine, pour revenir ensuite s'amarer de part & d'autre Fig. 63. Fig. 64. Fig. 65.

fur les mêmes branches du collier. Enfuite une ride qui paffe alternativement dans les moques de l'étai & du collier , & qui eft tendue à l'aide des calior-nes déja capelées à la tête du mât , contribue à rider chaque étai autant que l'exige la folidité du mât. Le collier qui correfpond au faux-étai, eft nommé *faux collier*, & reffemble entiérement au grand collier. Les moques portées par ces colliers font ordinairement éloignées de cinq pieds des moques des étais.

Cet affemblage des étais & des haubans , fert à maintenir le mât dans une fituation droite , quels que puiffent être les mouvements & les inclinai-fons d'un vaiffeau. Les étais , en moindre nombre que les haubans font auffi plus forts ; & font avec le mât un angle bien plus grand. Les étais retiennent le mât en avant ; les haubans le retiennent ftribord & bas-bord ; & même en arriere , parce que tous les haubans , excepté les deux premiers , font tous placés en arriere du mât. Les étais font ridés les premiers , les haubans le font enfuite. Lorfque les uns & les autres font ridés , on juge que le mât eft dans la pofition qu'il doit avoir , fi , entre l'étambrage & le contour du mât , il regne la même diftance de tous côtés : cette obfervation ne fe fait qu'à l'étambrage du premier pont. Dès qu'un mât eft ainfi bien établi , dans la fituation qui lui eft affignée , & qu'il doit conftamment garder , on ajoute à la folidité de l'appareil des étais & des haubans , en plaçant des coins de bois dans le vuide qui regne entre le contour du mât & les bords de l'étam-brage. On les chaffe avec force , & en même temps , afin que non-feulement ils rempliffent bien le vuide qui exiftoit auparavant, mais auffi pour unir plus étroitement ce mât au vaiffeau. Ces coins ont une face concave & une face convexe : ils font égaux. Leur longueur eft de trois pieds ou trois pieds & demi ; leur largeur eft de huit pouces , & l'épaiffeur de la tête de chaque coin eft proportionnée au vuide qui eft à remplir : on ne place des coins autour d'un mât qu'à l'étambrage du premier pont.

Les procédés que nous venons de détailler , & qui font relatifs à l'établiffe-ment du grand mât fe répetent entiérement lorfqu'on veut affujettir le bas-mât de mifaine , & même le bas-mât d'artimon. On capele des haubans au ton du mât de mifaine , & il y en a , de chaque côté du mât de mifaine , autant moins un , qu'on en compte au grand mât. Il eft auffi à remarquer que fi le premier hauban capelé au grand mât eft celui de ftribord , les Marins ont pour cou-tume de capeler à bas-bord le premier hauban de mifaine. Les autres haubans fe capelent enfuite alternativement comme au grand mât. L'étai de mifaine & fon faux étai font enfuite capelés. Ils font de même forme que ceux du grand mât. Il y a auffi des porte-haubans de chaque côté du vaiffeau , fur le bord def-quels font appuyés des caps de mouton enchaînés , cloués au vaiffeau , & cor-refpondants aux caps de mouton portés par les extrémités des haubans. Ils font ridés comme ceux du grand mât. L'étai & le faux étai ont auffi une moque qui se ride avec une moque correspondante fixée sur le beaupré, & placée aux ¼ de la saillie extérieure de ce mât. Le bas-mât de misaine a même un troisieme étai qu'on nomme *Étai de tangage*, parce qu'il est destiné à soutenir le mât contre les effets du tangage, dont le mouvement est très-sensible pour le mât de misaine situé à l'extrémité du vaisseau. Cet étai est attaché ou éguilleté au ton du mât, de-là il descend verticalement jusqu'au dessous des jottereaux, où il est lié & uni de nouveau au corps du mât. Ensuite il vient se rider sur le beaupré en arriere des autres étais de misaine. Les étais sont ridés avant les haubans, & toutes ces rides sont tendues à l'aide des caliornes capelées au ton du mât. Enfin le bas-mât de misaine est aussi comme le bas grand-mât, assujetti dans l'étambrage du premier pont par des coins convenables.

Nous semblons avoir négligé jusqu'à présent de désigner les dimensions de tous les cordages dont nous avons parlé. Mais nous nous proposons de donner à la fin de ce Chapitre une Table de toutes les dimensions des cordages relatifs, soit aux mâts, soit aux vergues.

Le bas-mât d'artimon a aussi des haubans & un étai. Les haubans sont en moindre nombre que ceux des autres bas-mâts : il y en a jusqu'à six de chaque côté du bas-mât d'artimon d'un gros vaisseau. Le premier hauban capelé est celui de stribord. Chaque hauban porte aussi un cap de mouton, qui est ridé avec un autre cap de mouton enchaîné & fixé sur le bord du porte-hauban correspondant. L'étai d'artimon, qui est unique, porte aussi une moque qui se ride avec une seconde moque éguilletée autour du grand mât, à la hauteur de 4 pieds au-dessus du gaillard.

Tels sont les moyens qu'on emploie pour assujettir & maintenir les trois mâts verticaux établis dans un vaisseau. Il nous reste à parler des précautions qu'on prend pour contenir le mât de beaupré. Déja, en exposant comment étoit construit son étambrage, nous avons fait remarquer que non-seulement son pied reposoit sur un coussin qui portoit sur le premier pont, mais aussi que des flasques & des montans verticaux servoient à le resserrer & à le maintenir dans une situation déterminée. Cependant ce mât, sur lequel sont attachés les étais de misaine & ceux des mâts plus élevés, a besoin d'être soutenu fortement contre les efforts de ces manœuvres, ainsi que contre les effets dangereux des tangages violents qui tendent toujours à ébranler ce mât incliné, l'appui des autres mâts. C'est pour prévenir tout inconvénient, qu'on a imaginé de lier étroitement le beaupré avec l'éperon du vaisseau. Cet éperon a deux mortaises placées à quelque distance au-dessous du mât. Un assez gros cordage passe par une de ces mortaises, vient pardessus le beaupré, & descend encore passer par la même mortaise pour revenir encore sur le beaupré, & faire plusieurs tours qui composent ensemble une des liures de beaupré. Un fecond cordage paffe auffi plufieurs fois , & dans la feconde mortaife de l'éperon & par-deffus le beaupré , & fait ainfi la deuxie-mè liure de beaupré. Enfuite les tours de chaque liure font bridés en faiffeau au - deffous du beaupré , par le moyen du bout de chaque cordage , & le beaupré eft auffi fortement uni à l'éperon du vaiffeau. Comme ce mât eft incliné à l'horifon , & que les tours de cordages qui com-pofent fes liures tendent vivement à gliffer le long du mât , on place en arriere de chaque liure , fur le demi-contour du mât , une fuite de taquets qui s'oppofent à la defcente du cordage qui forme la liure. Ces liures ne fe-roient pas étroitement ferrées , fi on les faifoit lorfque les étais font fortement ridés. Auffi on commence par délivrer ce mât des efforts des étais déja ridés ; mais comme le mât de mifaine doit toujours être maintenu dans la fituation que les étais ridés le forçoient de conferver , on fupplée à l'effort de ces étais par celui de deux candelettes qui s'accrochent à deux herfes portées par les deux boffoirs du vaiffeau. Ces candelettes qui font de groffes poulies , dont les pendeurs font capelés au ton du mât , fervent à maintenir le mât comme les étais mêmes. Alors le mât de mifaine étant retenu par les candelettes , on largue les étais & on fait les liures de beaupré , qu'on rend encore plus faciles en chargeant l'extrémité du beaupré du poids de quelques tonneaux. Les liures faites auffi commodément qu'elles peuvent l'être , on remet les étais à leur place , on les ride , on leur donne toute la roideur qu'ils avoient au-paravant , & le fecours de candelettes devenant alors inutile , on les largue. On ajoute à toutes ces précautions celle de mettre fous le beaupré une nou-velle efpece d'étai qui contribue encore à la folidité de ce mât. Un gros cordage paffe fucceffivement dans deux poulies à deux rouets , dont l'une eft attachée au-deffous du beaupré entre les colliers des étais de mifaine , & l'autre eft fixée fur l'épaiffeur de l'éperon au-deffous des pieds de la figure qui termine l'avant d'un vaiffeau. Ce nouvel étai eft nommé *Sous-barbe.*

Ici fe bornent tous les détails relatifs à l'établiffement des bas-mâts d'un vaiffeau ; ainfi il nous refte à nous occuper des mâts élevés. Quelques opéra-tions précédent l'exhauffement ou le guindage des mâts partiels , tels que ceux de hune ou de perroquet. Le mât de hune , qui eft deftiné à fervir par fa longueur de prolongement au bas-mât , doit être non-feulement élevé à une hauteur déterminée , mais , lorfqu'il fera rendu à la place qu'il doit occuper , il faut qu'il y foit maintenu dans une pofition déterminée , & que fon poids d'ailleurs foit foutenu par le bas-mât. Ce font ces confidérations qui ont fait imaginer une hune portée par les barres du bas-mât , & un chouquet qui porte fur la tête du bas-mât qu'il recouvre. Les barres foutiennent le poids du mât de hune ; la hune permet d'étayer ce mât par des haubans ; le chouquet unit le mât de hune au bas-mât , & les jottereaux ainfi que les barres ,

empêchent

empêchent que le pied de ce mât n'ait aucun mouvement latéral.

Une hune est une espece de plate-forme qui, à la mer, sert à découvrir les objets éloignés, parce qu'elle est très-élevée au-dessus du niveau de la mer ; mais cette raison n'a pas fait adopter les hunes sous la forme qu'on leur donne. On a eu pour but, en les imaginant, de s'en servir pour assujettir le mât de hune par des haubans qui, capelés à la tête du mât de hune, seroient ridés avec des caps de mouton fixés sur le bord de cette hune. Les haubans du mât de hune forment donc avec ce mât un angle proportionné à la longueur de la hune, & les dimensions des hunes varient suivant les vaisseaux. La Figure 66 présente la forme d'une hune.

La hune du grand mât, mesurée de stribord à bas-bord, est d'une largeur égale à la demi-largeur du vaisseau. Son étendue de l'avant à l'arriere est à peu-près la même. Elle n'est raccourcie que d'un vingtieme de la demi-largeur du vaisseau. Au milieu de la hune il y a une ouverture quarrée (à peu-près), & qui est destinée pour le passage, soit du ton du bas-mât, soit du pied du mât de hune. La largenr de cette ouverture est égale aux $\frac{5}{12}$ du diametre de la hune, & sa largeur de stribord à bas-bord est égale aux $\frac{3}{8}$ du même diametre. La hune de misaine a un pied de moins en diametre que la hune du grand mât, & la hune d'artimon a un pied de plus en diametre que le demi-diametre de la grande hune. De cette façon on voit que ces hunes placées sur les barres des mâts ne doivent les excéder que de trois pouces de tous côtés.

Une hune est faite de planches de sapin assemblées & réunies par leur épaisseur. Lorsqu'on veut la construire, on commence par former l'ouverture quarrée qui regne au milieu. Deux planches ou bordages sont placés dans le sens de la longueur, & à une distance égale à la largeur de cette ouverture. Deux autres planches, placées à une distance réciproque égale à la longueur de l'ouverture, croisent les premieres planches, & achevent de former le quarré de la hune. A côté de ces planches on en place de nouvelles dans les deux sens, & elles sont liées entre elles par des fiches de fer pointues des deux bouts, & enchassées dans l'épaisseur de ces planches. La Figure 66 fait connoître l'ordre & l'arrangement de ces planches. Ensuite sur le bord de ce bâti on met un bordage de chêne ou d'ormeau qui a 8 pouces de largeur & 1 pouce $\frac{1}{2}$ d'épaisseur ; il recouvre & l'avant de la hune & les côtés de stribord & bas-bord. Le seul côté arriere n'est pas recouvert par ce bordage nommé *Guérite*. Cependant avant de placer la guérite on arrondit les angles de l'avant de la hune, & on donne à cette partie la forme indiquée dans la Figure. La guérite est reçue dans une entaille faite à mi-bois dans les planches qui composent le fond de la hune. Sur cette guérite stribord & bas-bord, on met une bande de fer qui, dans les gros vaisseaux, a 5 lignes d'épaisseur & 3 pouces $\frac{1}{4}$ de largeur. Cette bande regne de chaque côté depuis le point du bord de la hune qui correspond au mât de hune, jusqu'au bord postérieur de la même hune. Par-dessus tout ce bâti on met enfin des taquets de chêne, qui semblent dans leur position être dirigés du centre aux divers points du contour de la hune. La tête du taquet porte sur le contour, & la queue aboutit aux côtés du quarré. Ces taquets sont placés à 2 pieds de distance l'un de l'autre dans la hune d'un grand vaisseau. Leur épaisseur à la tête est de quatre pouces, & diminue jusqu'à n'être que d'un pouce à la queue des taquets. Ces taquets d'ailleurs portent une entaille de deux pouces ou un pouce & demi, correspondante & proportionnée à la guérite. C'est ainsi que sont construites les hunes de misaine & d'artimon. La hune d'un mât est placée sur les barres qui portent à leurs extrémités des œillets en fer, & dans le plan de la hune il y a des ouvertures correspondantes à ces œillets qui les traversent, alors des cabillots introduits dans ces œillets unissent la hune avec les barres.

Fig. 67
& 68. Sur le bout du ton du bas-mât, il y a un chouquet qui le recouvre. Le mât est terminé par un tenon, & le chouquet porte une mortaise proportionnée aux dimensions du tenon. Le bout du mât s'engage ainsi dans cette mortaise, & le chouquet est alors uni au bas-mât. Ce même chouquet est saillant en avant du bas-mât, & dans cette partie saillante il est percé d'un trou circulaire formé pour le passage du mât de hune. Le chouquet est un grand moyen de liaison entre le bas-mât & le mât de hune. Le pied de celui-ci est saisi entre les barres du bas-mât, & le corps de ce mât de hune est retenu par le chouquet. Les dimensions du chouquet sont proportionnées à son impor-

Fig. 65. tance & à son utilité. Sa forme est celle d'un solide quadrangulaire, dont la base plane est un quarré, dont les faces latérales sont aussi des surfaces planes, & dont la face supérieure a une courbure qui, d'ailleurs, est assez arbitraire. Elle est telle cependant que la plus grande épaisseur du chouquet correspond au ton du bas-mât. Cette grande épaisseur est le $\frac{1}{7}$ du diametre du mât de hune. La plus petite épaisseur, qui est celle du bord inférieur du chouquet, est la moitié de la grande. La longueur ainsi que la largeur du même chouquet sont égales à 2 fois $\frac{1}{3}$, le diametre du ton du bas-mât. Les chouquets sont de chêne ou d'ormeau. Souvent ils sont composés de deux pieces qui sont liées ensemble par deux chevilles qui les traversent, & qui sont retenues à l'avant & à l'arriere du chouquet par deux bandes de fer. Sur le plan de la base d'un chouquet, & parallélement à sa longueur, il y a de chaque côté une bande de fer destinée à soutenir des pitons qui servent à porter des poulies nécessaires au guindage du mât de hune & à d'autres manœuvres. La forme & la coupe d'un chouquet sont présentées dans les Figures 67 & 68.

Fig. 67
& 68. Lorsque les barres, la hune & le chouquet d'un bas-mât sont en place, c'est réellement alors qu'on s'occupe à élever un mât de hune. Voici comment se fait cette opération.

Déja en conformant le pied du mât de hune, nous avons remarqué qu'il portoit des rouets insérés dans son épaisseur, & qui ont un diametre égal à celui du pied du mât. C'est autour de ces rouets & d'une poulie de guinderesse accrochée à un piton de chouquet, qu'on fait passer un assez gros cordage qui descend & qui vient se garnir au cabestan. Le mât de hune est élevé ou guindé à l'aide de ce système de poulies de rouets & de guinderesse. Lorsqu'il s'éleve, il est maintenu & obligé de suivre une direction déterminée; car il passe entre les barres du bas-mât, & par le trou circulaire du chuquet. Ce mât est guindé jusqu'à ce que son pied vienne remplir l'espace quarré, formé par les barres, les jottereaux & la jumelle, & jusqu'à ce que le trou pratiqué dans ce même pied de mât paroisse au-dessus des élongis. Alors on introduit dans ce trou une clef de fer (*fig.* 69.) Le mât est ensuite abandonné à son propre poids, qui est soutenu par les barres sur lesquelles porte la clef de fer. Le mât de hune se trouve ainsi soutenu & lié au mât inférieur par les barres & le chouquet. On ajoute à la solidité de cette union par des haubans, des étais & des galaubans. Avant de placer ces cordages, on capele à la tête du mât de hune un assemblage de barres élongis, & traversins qui porte sur l'épaisseur de la noix du mât, ou sur cet excédent d'épaisseur qu'on a laissé à la tête de ce mât en le conformant. Ces barres sont nécessaires au soutien & à l'établissement du mât de perroquet. Elles sont au nombre de cinq, deux élongis & trois traversins. Les traversins du grand mât de hune ont une longueur égale aux $\frac{7}{11}$ de celle des traversins du grand mât. Leur largeur est $\frac{1}{7}$ de la longueur, & l'épaisseur est la moitié de la largeur. Ils ont une courbure dans le sens de leur longueur, qui est telle que la fleche du milieu est égale à leur largeur. Les ordonnées du contour de la barre sont calculées par la méthode exposée précédemment, relativement à la courbure des traversins de grand mât. Les élongis sont droits & sans courbure. Leur longueur est les $\frac{7}{9}$ de celle des traversins; leur largeur est $\frac{1}{12}$ de leur longueur, & leur épaisseur est égale à celle des traversins. Les élongis & les traversins sont entaillés l'un vis-à-vis de l'autre, afin qu'on puisse les assembler comme les barres du bas-mât. La distance du traversin du milieu à celui de l'arriere est égale au diametre du ton du mât de hune, & la distance du même au traversin de l'avant, est égale au côté du pied du mât de perroquet. L'assemblage de ces barres étant placé sur la noix du mât de hune, est cloué au mât de hune; alors on capele les haubans, qui sont au nombre de six de chaque côté, dans les grands vaisseaux. Par-dessus ces haubans on capelle deux étais; 1°, le faux étai & puis l'étai, & ensuite trois galaubans de chaque côté. Tel est le capelage du grand mât de hune. Il est le tableau du capelage & du petit mât de hune & du mât de perroquet de fougue. Chacun de ces mâts porte un système de barres. Celles du petit mât de hune sont égales aux barres

Fig. 69.

Fig. 69.

Fig. 65.

Fig. 70.

Fig. 65.

du grand mât de hune. Celles du perroquet de fougue ne font qu'au nombre de quatre, deux traverfins conformés comme les autres, & deux élongis. Le troifieme traverfin du milieu, qui fe trouve dans les autres fyftêmes de barres, eft ici remplacé par un petit traverfin qui ne dépaffe pas les élongis. On capele au petit mât de hune autant de haubans, d'étais & de galaubans, qu'au grand mât de hune. Le mât de perroquet de fougue eft foutenu par quatre haubans dans les grands vaiffeaux, un étai, & deux galaubans.

L'étai du grand mât de hune vient paffer dans une poulie capelée & pendante à l'arriere du mât de mifaine, & defcend fe rider à l'aide d'une poulie placée fur le gaillard au pied du mât de mifaine. Le faux étai paffe dans une poulie éguilletée au mât de mifaine fous les jottereaux, & defcend auffi fur le gaillard où il eft ridé & arrêté. Les haubans de ce mât portent à leur extrémité des caps de mouton qui fervent à les rider avec d'autres caps de mouton ferrés qui leur correfpondent, & qui font placés fur le contour de la hune du bas-mât. Nous avons dit plus haut que le bord fupérieur de la hune étoit recouvert d'une bande de fer de chaque côté du mât. Cette bande eft percée de plufieurs ouvertures, dont le nombre eft égal à celui des haubans du mât de hune. Des caps de mouton qui ont une eftrope ou ceinture en fer plat, avec une allonge de fer, font placés au-deffus de la hune & vis-à-vis ces trous, de forte que leurs allonges traverfent ces trous. Cette allonge fe nomme *Latte*, & chaque latte porte à fon extrémité un œillet ou trou rond. Un croc porté par un cordage s'engage dans cet œillet, & les deux branches du cordage qui portent le croc font amarrées au-deffous de la hune aux haubans du bas-mât. Les caps de mouton des haubans du mât de hune fe rident fortement avec ceux qui font fur le bord de la hune, & le mât de hune eft ainfi maintenu dans une pofition fixe & déterminée. Ces haubans, cette hune, font unis au bas-mât, & dépendent immédiatement de fa fermeté; ainfi on a jugé à propos de retenir le mât de hune par des cordages qui feroient immédiatement attachés au corps du vaiffeau. Ces cordages font nommés *Galaubans*. Capelés à la tête du mât de hune, ils defcendent jufqu'aux porte-haubans, où ils fe rident avec des poulies accrochées à ces porte-haubans. Le premier galauban eft placé entre le quatrieme & le cinquieme hauban du bas-mât. Le fecond entre les deux derniers haubans, & le troifieme, à quelque diftance du dernier hauban. Ils font avec le mât de hune un angle plus grand que celui de ces haubans, & fervent, par conféquent, à mieux le foutenir.

Nous avons dit que le cordage qui portoit le croc deftiné à retenir la latte de hune étoit amaré aux haubans inférieurs; mais nous n'avons pas détaillé, ni à quel point de ces haubans fe faifoit cet amarrage, ni comment on le rendoit & folide & durable: c'eft donc maintenant ce qu'il s'agit d'expofer. Ce

cordage

Fig. 71.

Fig. 72.

Fig. 65.

cordage qui porte le crochet ou croc dont nous avons parlé , fe nomme *gambe de hune*. Il vient s'amarrer fur les haubans , en un point autant éloigné du bord de la hune qu'il y a de diftance entre ce même bord , & le bout du ton du bas-mât. Les gambes font retenues fur les haubans par un amarrage qui n'eft folide & qui ne peut glifler que parce qu'on fait fur les bas-haubans un trelingage ; c'eft-à-dire , depuis le premier hauban arriere , jufqu'au deuxieme hauban ayant exclufivement. On place horifontalement un vieux cordage en double nommé *quenouillette* , qui croife tous ces haubans en paffant alternativement derriere & devant ces haubans , & en les croifant dans fon cours. Ce premier cordage ainfi arrangé eft retenu dans cet état par autant d'amarrages en bitord qu'il y a de haubans croifés. Enfuite comme l'opération eft faite fur les haubans de ftribord, comme fur ceux de bas-bord. On unit enfemble les haubans & les quenouillettes des deux bords par un nouveau cordage. Un bout de ce cordage eft amarré au premier hauban de bas-bord, & fe rend au premier hauban de ftribord ; il revient de-là au fecond hauban de bas-bord, & ainfi de fuite alternativement. Ces tours de cordages étant faits, ils font divifés en deux faifceaux qu'on bride au milieu, à l'aide d'un toron, afin de les roidir davantage. Ces quenouillettes & ces cordages qui croifent les haubans d'un bord aux haubans de l'autre bord , compofent un tout que les Marins nomment *trelingage*. Les gambes de hune font ainfi amarrées très-folidement fur les quenouillettes , ainfi que fur les haubans correfpondants.

L'étai du petit mât de hune fe rend de la tête de ce mât où il eft capelé, à une poulie éguilletée au bout du beaupré ; & de-là il defcend fur les liûres de beaupré où il eft roidi à l'aide d'un palan. Le faux étai du même mât fuit l'étai : les haubans du petit mât de hune & les galaubans font placés & roidis de la même maniere que ceux du grand mât de hune.

L'étai du perroquet de fougue vient paffer dans une poulie éguilletée autour du grand mât, au-deffous des jottereaux. Dans les grands vaiffeaux le perroquet de fougue a des haubans , des galaubans placés comme ceux des autres mâts.

La tête du mât de beaupré eft auffi garnie d'un chouquet ; mais il eft en fer , & fa forme eft repréfentée dans la Figure 73. L'ouverture femi-circulaire de ce chouquet embrafle le tenon du mât ; & l'ouverture circulaire eft deftinée au paffage du boute-hors ou bâton de foc. Ce boute-hors étant mis en place prolonge le beaupré d'une longueur égale aux deux tiers du beaupré ; fon extrémité eft éguilletée fur le contour du mât.

Les mâts de hune font déja garnis de leur chouquet & de leurs barres qui ne portent pas de hune comme celles des bas-mâts ; ainfi les mâts de perroquets peuvent alors être guindés & mis en place. Les dimenfions des chouquets des mâts de hune & du perroquet de fougue font calculées comme celles des chouquets des bas-mâts. Chaque mât de perroquet élevé à la hauteur convenable, eft foutenu fur les barres du mât de hune, à l'aide d'une clef de fer, qui porte tout le poids de ce mât. Enfuite on capele à la tête de ce mât tous les cordages ou toutes les manœuvres néceffaires à fon établiffement, tels que des haubans, un étai & des galaubans. Le nombre des haubans d'un mât de perroquet eft celui des traverfins. L'extrémité de chaque hauban paffe dans un trou pratiqué au bout de chaque traverfin, & vient fe rider à l'aide de deux cottes, dont l'une eft au bout du hauban de perroquet, & l'autre eft attachée au hauban correfpondant du mât de hune. Cette derniere eft placée au-deffous des barres, à cinq pieds du capelage. L'étai du grand mât de perroquet paffe dans une poulie capelée au ton du petit mât de hune, & defcend fe rider avec une poulie éguilletée au traverfin du mât de mifaine. Il y a deux galaubans pour affujettir plus fortement le mât de perroquet, & ils defcendent de la tête de ce mât jufqu'aux porte-haubans où ils font ridés folidement. Le petit mât de perroquet eft foutenu de la même façon ; les haubans & les galaubans font placés de la même maniere : fon étai defcend jufqu'à l'extrémité du bâton de foc, & là il paffe dans une poulie éguilletée, pour venir s'amarrer à l'eftrope de la moque d'étai de mifaine.

Lorfque le mât d'artimon porte un mât de perruche, fon étai vient s'amarer au-deffus du grand chouquet, autour du mât de hune. Il a deux haubans & deux galaubans de chaque côté ; fes haubans paffent par les trous faits au bout des barres du perroquet de fougue, & s'amarrent fur les haubans de ce dernier mât : les galaubans fe rendent aux porte-haubans d'artimon, où ils font retenus & roidis autant que l'exige la folidité de ce mât.

Tel eft l'appareil néceffaire & mis en ufage pour placer & pour maintenir les mâts d'un vaiffeau dans la fituation qui leur eft affignée. C'eft par de tels moyens que les mâts font unis étroitement à un vaiffeau auquel ils doivent communiquer l'effort des voiles enflées par les vents, & cette communication ne fe faifant qu'à l'aide des vergues qui foutiennent les voiles, il devient effentiel d'ajouter aux détails précédents des éclairciffements fur la pofition des vergues, & fur les moyens employés, foit pour les élever & les mettre en place, foit enfin pour les foutenir dans une fituation déterminée.

Toutes les vergues d'un vaiffeau, excepté celles d'artimon, font placées horifontalement, & élevées plus ou moins au-deffus du niveau de la mer ; leur poids eft foutenu par le mât auquel elles font étroitement liées, & chaque vergue eft unie à ce mât, indépendamment des autres vergues, de forte que chacune peut être fupprimée féparément elles font donc toutes établies féparément : ainfi nous allons parler de cha-que vergue en particulier.

Lorſqu'on veut élever la grand'vergue à la place qu'elle doit occuper, on Fig. 74.
éguillette deux poulies à trois rouets, placées de part & d'autre de cette
vergue, & éloignées de quatre pieds entr'elles. Deux autres poulies ſont auſſi
éguilletées au ton du mât, au-deſſus du capelage. Un gros cordage nommé
driſſe, paſſe dans les poulies de la vergue, & dans celle du ton du mât :
une de ſes extrémités s'amarre au ton du mât, & l'autre bout de la driſſe ſe
garnit au cabeſtan qui, en tournant fait élever la vergue juſqu'à une hauteur
déterminée qui eſt celle du trelingage. Si ces driſſes ſervent à hiſſer ou élever la grand'vergue, elles ne ſoutiennent pas ſon poids à la mer. Un autre
cordage nommé *ſuſpente* eſt deſtiné à cet uſage. La ſuſpente paſſe dans une
coſſe placée exactement au milieu de la vergue entre les poulies de driſſe,
& enſuite elle embraſſe le ton du mât au-deſſus du capelage où elle eſt amarrée. Cette ſuſpente ſoutient preſque ſeule tout le poids de la grand'vergue
lorſqu'un vaiſſeau eſt à la voile. Les extrémités de la grand'vergue ſont cependant maintenues & même ſoutenues par de nouveaux cordages nommés
balancines : leur nom peint leur uſage. Comme la vergue doit être conſtamment horiſontale, les balancines ſervent à balancer les extrémités de cette
vergue, & à élever celle qui tendroit à s'incliner par une cauſe quelconque.
Pour établir ces balancines, on capele, à chaque bout de vergue, une poulie
nommée *poulie de bout de vergue*. Chaque cordage deſtiné à ſervir de balancine
eſt attaché ſur la vergue par une de ſes extrémités, (& cela s'appelle *faire dormant ſur la vergue*). Le courant de la balancine s'élève à une poulie à deux
rouets, amarrée au chouquet du bas-mât, & de-là elle vient paſſer dans la poulie ſur la vergue, remonte à la poulie du chouquet, & deſcend enfin par
le quarré de la hune, pour venir s'amarer au ſecond hauban avant. La vér-
gue eſt ainſi ſoutenue, & par une ſuſpente & par des balancines. Ces premieres manœuvres permettent à la vergue de faire avec l'axe de longueur
du vaiſſeau, tels angles que les vents & les circonſtances peuvent rendre
néceſſaires à la mer. Ainſi comme on eſt obligé de varier ſouvent ces angles-
là, on facilite les mouvements de la vergue par le moyen de deux manœuvres ou cordages nommés *bras*, qui ſont placés aux deux extrémités de cette
vergue. C'eſt à cet effet qu'on capele aux deux bouts de la vergue une pou- Fig 85.
lie de bras; & c'eſt dans cette poulie que paſſe le bras de la grand'vergue :
il eſt attaché où il fait dormant par une de ſes extrémités au bord du
couronnement du vaiſſeau. Le courant, après avoir paſſé dans la poulie de
bras, ſe rend de nouveau au couronnement pour paſſer dans une poulie
éguilletée près du dormant, & chaque bras s'amare enſuite à un taquet ſur
le gaillard. La grand'vergue eſt liée au bas-mât par deux cordages nommés
droſſes qui ſont formés de cuir, ou recouverts de cuir : le bout d'une droſſe
s'amare à ſtribord du mât ſur la vergue, embraſſe l'afriere du mât, & vient

paſſer dans une coſſe ſituée ſur la vergue à bas-bord du·mât. Le bout de la ſeconde droſſe s'amare au contraire à bas-bord du mât, pour ſe rendre en ſuivant le contour arriere du mât, à une coſſe éguilletée ſur la vergue à ſtribord du mât. Les extrémités de ces droſſes ſont liées à deux palans dont la poulie inférieure eſt ſituée au pied du mât, & à l'aide de ces palans, ces droſſes preſſent & ſerrent le mât à volonté. La grand'vergue eſt alors unie à ſon mât auſſi étroitement que les circonſtances peuvent l'exiger. Les autres manœuvres, ainſi que les autres poulies dont la vergue peut être gréée, ſont relatives aux voiles, & cet objet ne doit être traité que dans la deſcription détaillée de la voilure d'un vaiſſeau.

Je dois cependant ajouter ici que le bout de la vergue eſt conformé pour faciliter le mouvement du boute-hors qui eſt retenu au-deſſus de cette vergue par un lien de fer qui reſſemble à un 8. La forme de ce bout de vergue eſt

FIG. 75.

deſſinée Figure 75.

La vergue de miſaine eſt élevée de la même maniere que la grand'vergue. Des poulies, des driſſes ſervent à la hiſſer ou à la mettre en place : une ſuſpente en ſoutient le poids à la mer ; des balancines pareilles la maintiennent horiſontàle, & des droſſes l'uniſſent au mât qui la portent. Les extrémités ſont auſſi garnies de poulies de bras, & ces bras ſont dormants ſur l'étai du grand mât auprès de la pomme, tandis que leur courant, après avoir paſſé dans la poulie de bras, remonte à une poulie placée près du dormant ſur le grand étai. Ce bras paſſe enſuite au-deſſus de la grand'vergue, & par une poulie éguilletée au capelage du grand mât, pour deſcendre enſuite verticalement au pied de ce mât où il eſt amaré à un taquet.

FIG. 65.

La vergue de grand hunier porte deux poulies ſimples éguilletées de chaque côté du milieu de cette vergue, c'eſt dans ces poulies que paſſent les cordages employés à hiſſer la vergue de grand hunier. Ces cordages ne ſe nomment pas driſſes comme aux baſſes vergues, mais *itagues*. Le dormant de chaque itague ſe fait au ton du mât de hune ; le courant paſſe & dans la poulie ſur la vergue & dans une poulie capelée au ton du mât ; les extrémités de ces itagues deſcendent enſuite à l'arriere du mât, & portent une poulie double qui forme un palan avec une ſeconde poulie fixée ſur les porte-haubans à l'arriere des galaubans. Le cordage qui paſſe dans le palan ſe nomme *driſſe*. C'eſt à l'aide de ce palan que la vergue de grand hunier eſt miſe en place, & ſoutenue même à la mer. La manœuvre en uſage pour hiſſer le petit hunier eſt abſolument ſemblable à celle-ci. Les vergues de grand & de petit hunier ont des balancines : le dormant de ces manœuvres ſe fait au piton du chouquet, & le courant, après avoir paſſé dans une poulie capelée au bout de la vergue, s'éleve à une poulie capelée par deſſus les haubans de hune, & deſcend enfin par le quarré de la hune pour être amarré à un taquet du

quatrieme

quatrieme hauban ; des bras servent aussi à orienter ces vergues. Une poulie est
capelée à chaque bout de vergue. Le bras du grand hunier qui passe dans cette
poulie, fait dormant au ton du mât d'artimon, au-dessus des jottereaux, & repasse
dans une poulie attachée à un cordage nommé *pandeur*, qui est capelé au mât
d'artimon ; delà il descend, en passant par une poulie fixée au premier hauban
d'artimon, & vient s'amarrer sur le gaillard. Le bras du petit hunier suit à peu-
près le même cours que le bras de la vergue de misaine. Le dormant de ce
bras est fait sur le grand étai près de la pomme, mais en arriere du dormant
de bras de misaine. Le courant, après avoir passé dans la poulie de bras, se
rend à une poulie sur l'étai près du dormant, & depuis cette derniere poulie
le bras accompagne celui de misaine. Les vergues de grand & de petit hunier
ne sont pas liées à leur mât respectif comme les basses vergues par deux drosses.
Ces vergues doivent être élevées & abaissées avec la plus grande facilité ; &
c'est pour aider ces mouvements qu'on a composé un système de boules & de
bigots, *fig.* 76, qu'on nomme *racage*. Le racage lié à la vergue embrasse le   Fig. 76.
mât, & permet à la vergue de glisser à volonté le long du mât de hune.
Si on veut avoir l'idée de ce racage, qu'on imagine des boules de bois, nommées *pommes*, percées d'un trou qui les traverse diamétralement, & des
bigots dont la forme est représentée dans la Figure 77. Ces bigots sont aussi   Fig. 77.
dans leur longueur percés d'autant de trous qu'il doit y avoir de rangs de
pommes dans le racage. Si on imagine ensuite qu'un cordage nommé *bâtard*,
traverse & ces pommes & ces bigots arrangés symmétriquement & dans l'ordre représenté dans la Figure 76. Le nombre des bâtards est égal au nombre   Fig. 76.
des rangs de pommes, & l'assemblage de ces pommes, de ces bigots & des
bâtards se nomme racage. Les racages des vergues de hunier, sont quelquefois
de deux rangs de pommes, & quelquefois de trois. Les bouts des bâtards du
racage, lorsque celui-ci embrasse l'arriere du mât, passe par-devant la vergue, en le croisant de stribord à bas-bord, & après avoir croisé plusieurs fois
ils viennent s'amarrer à la vergue.

La vergue du grand perroquet porte au milieu une cosse dans laquelle on
accroche le croc de l'itague qui sert à hisser la vergue. Cette itague passe
dans un rouet pratiqué dans l'épaisseur de la tête du mât ou dans la noix du
mât, suivant le langage des Marins, & cette itague passant ainsi de l'avant à
l'arriere du mât, porte à son extrémité, une poulie simple dans laquelle passe
une drisse qui depuis cette poulie se sépare en deux branches qui descendent
s'amarrer à stribord & à bas-bord. Ce moyen employé pour hisser le grand
perroquer, sert aussi à hisser le petit perroquet. Chaque balancine de ces vergues est simple, terminée par un œillet ; chacune est capelée au bout de vergue ; leur courant passe dans une cosse capelée au mât de perroquet d'où
elle descend dans la hune correspondante pour y être amarrée. Les bras de la

vergue de grand perroquet font fimples : ils font capelés par un œillet au bout de la vergue : ils fe rendent à deux poulies éguilletées à la tête du mât de perroquet de fougue, & ils defcendent fur la dunette où ils s'amarrent ftribord & bas-bord fur le fecond hauban d'artimon. Chaque bras du petit perroquet fe rend à une poulie éguilletée au capelage du grand mât de hune, & defcend s'amarrer fur le gaillard d'arriere près des bras de mifaine & de petit hunier. Un racage fimple unit ces vergues à leur mât refpectif.

FIG. 65.   La vergue d'artimon eft inclinée à l'horifon fous un angle de 45° : elle porte une poulie à deux rouets qui eft éguilletée fur la vergue, en un point placé en avant de fon milieu, d'une longueur égale à celle de la circonférence de cette vergue. Une autre poulie à trois rouets eft capelée au ton du mât, & elle eft placée à l'arriere de ce mât entre les élongis. Une driffe, dont le dormant eft fait fur la vergue, paffe fucceffivement entre ces deux poulies, & vient enfuite s'amarrer aux porte-haubans de bas-bord entre le premier & le fecond hauban. Cette vergue qui eft fituée à ftribord du mât, eft élevée à la place qu'elle doit occuper par le moyen de ces poulies ; une fufpente fert à foutenir fon poids. Cette fufpente embraffe le ton du mât & paffe dans une herfe qui eft fur la vergue : l'extrémité de cette vergue inclinée, eft foutenue par un cordage nommé *Martinet*, qui fert à la maintenir fous l'inclinaifon qu'elle doit conftamment avoir. Le martinet fait dormant au ton du mât de perroquet de fougue ; le courant paffe dans une poulie capelée au bout de la vergue d'artimon, repaffe dans une autre poulie capelée à la tête du mât de perroquet de fougue, & vient enfuite s'amarrer au premier hauban en arriere. Un racage fimple unit cette vergue au mât : un des bouts du battant porte une coffe & l'autre bout une moque. Le bâtard tourne autour du mât & de l'herfe de la poulie de driffe, & le bout qui porte la coffe traverfe la moque. C'eft enfuite à l'aide de cette coffe & d'un palan fixé au gros bout inférieur de cette vergue, que le bâtard eft roidi & que la vergue eft ferrée plus ou moins étroitement contre le mât ; le gros bout inférieur de la vergue eft auffi retenu de chaque côté par des manœuvres nommées *ours d'artimon*. Ces cordages fervent à faire tourner plus ou moins la vergue autour du mât, afin de lui faire faire un angle plus ou moins grand avec l'axe de longueur du vaiffeau. C'eft à cet effet que le cordage qui forme l'ours de ftribord fait dormant fur le premier hauban arriere du grand mât ; il paffe dans une poulie fixée fur le bout de la vergue, & de-là vient s'amarrer fur un taquet des haubans de ftribord du grand mât, il en eft de même de l'ours de bas-bord.

La vergue fèche ou barrée eft la feule qui ne foit pas liée au mât qui la foutient, ou par une droffe ou par un racage. Son poids eft porté par un fufpente qui paffe dans une poulie éguilletée fur le milieu de la vergue, &

qui embraſſe le ton du mât autour duquel elle eſt amarrée. Cette vergue eſt horiſontale, & elle eſt placée au-deſſous de la hune d'artimon. Ses balancines font dormant au piton du chouquet, & le courant, après avoir paſſé dans une poulie capelée au bout de la vergue, revient à une poulie éguilletée au piton du chouquet pour deſcendre enſuite s'amarrer au quatrieme hauban. A ces balancines on ajoute deux autres eſpeces de balancines, nommées *mouſtaches de vergue ſeche.* Ce font deux cordages tous deux amarrés au ton du mât, & qui portent à leur extrémité un cap de mouton. Chaque mouſtache ſe rend ſur la vergue, l'une à ſtribord & l'autre à bas-bord, pour y être ridée avec un autre cap de mouton placé à 6 pieds de diſtance du milieu de la vergue. Cette vergue barrée eſt ainſi ſoutenue & par une ſuſpente & par deux balancines, & par deux mouſtaches. Chaque poulie deſtinée au paſſage des bras de cette vergue, n'eſt pas capelée à ſes extrémités ; mais chacune eſt éguilletée ſur cette vergue, à ſix pieds de diſtance de ſes extrémités. Le bras de bas-bord fait dormant au premier hauban arriere de ſtribord du grand mât, ſur le trelingage, il paſſe dans une poulie de la vergue, & dans une autre fixée près du dormant : il vient enſuite s'amarrer au taquet du premier hauban arriere du grand-mât. Le bras de ſtribord ſe rend à bas-bord en ſuivant une route pareille à celle du bras de bas-bord.

La vergue de perroquet de fougue porte une poulie d'itague éguilletée ſur le milieu de cette vergue. L'itague fait dormant à la tête du mât de perroquet de fougue. Elle paſſe dans une poulie deſſus la vergue, & ſe rend à une poulie au ton du mât, on a un rouet pratiqué dans la tête de ce mât, pour paſſer à l'arriere de ce même mât où ſon extrémité porte une poulie de driſſe. La driſſe paſſe donc dans cette poulie double, & dans une autre poulie ſimple placée ſur le bord du vaiſſeau en arriere des galaubans de perroquet de fougue. Cette vergue eſt unie au mât par un racage double. Les balancines de cette vergue font ſimples comme celles des vergues de perroquet. Leur extrémité porte un œillet qui ſe capele au bout de vergue. La balancine paſſe dans une poulie éguilletée au ton du mât, & deſcend s'amarrer au quatrieme hauban du bas-mât. Les bras de cette vergue font ſimples & terminés par un œillet. L'un paſſe de ſtribord à bas-bord, & l'autre de bas-bord à ſtribord, comme les bras de la vergue ſeche. Ils ſe rendent aux premiers haubans arriere du grand-mât, au-deſſus de ceux de la vergue ſeche.

La vergue de perruc' e porte une coſſe éguilletée ſur le milieu de ſa longueur. Dans cette coſſe eſt accrochée l'itague qui s'éleve & paſſe dans un rouet pratiqué près du ton du mât de perruche. L'extrémité de l'itague qui paſſe à l'arriere du mât, porte auſſi une poulie de driſſe, & on hiſſe la vergue de perruche à l'aide d'une driſſe, dont les deux branches s'amarrent de chaque côté du vaiſſeau. Des balancines ſimples paſſent dans des coſſes fixées à la tête du mât, & defcendent s'amarrer près de ceux du perroquet de fougue. Le racage qui unit cette vergue au mât eft femblable à celui des perroquets.

La vergue de civadiere porte une poulie éguilletée fur le milieu de fa longueur. Dans cette poulie paffe une fufpente qui embraffe le beaupré. Le poids de la vergue eft foutenu par cette fufpente; mais comme ce même poids tend à la faire gliffer le long du beaupré qui eft incliné à l'horifon, on a imaginé de fixer au bout de ce mât un palan, dont la poulie inférieure accroche une coffe éguilletée fur la poulie de fufpente. Le dormant du garant du palan eft fur l'herfe de la poulie de fufpente, & le courant vient s'amarrer fur le gaillard-d'avant. Ce palan eft nommé *Palan-de-bout*, & il empêche que la vergue portée par la fufpente nommée *Civiere*, ne s'éloigne du point déterminé du beaupré auquel il doit correfpondre. Ce point eft fitué au quart de la longueur extérieure ou de la faillie du beaupré. Une poulie eft capelée aux extrémités de cette vergue pour le paffage de chaque balancine, dont le dormant fe fait au bout du beaupré, & dont le courant, après avoir paffé dans la poulie du bout de vergue, ainfi que dans celle du bout de beaupré, vient s'amarrer aux liures de beaupré. Cette vergue eft encore foutenue par deux mouftaches formées comme celles de vergue feche. Le dormant de chaque mouftache eft fixé au bout du mât de beaupré, & le cap de mouton porté par leur extrémité eft ridé avec un autre cap de mouton éguilleté fur la vergue, à une diftance du milieu de cette vergue égale au fixieme de fa longueur. Chaque bras de cette vergue fait dormant au haut de l'étai de mifaine près de la pomme, le courant paffe dans une poulie de bout de vergue, & remonte au haut de l'étai, près du dormant. De-là chaque bras fe rend à deux poulies fixées aux traverfins de la hune de mifaine, pour defcendre en arriere du mât, & s'amarrer fur le gaillard.

La vergue de Contre-civadiere eft placée à quelques pieds au-delà du chouquet de beaupré. Elle porte une poulie éguilletée au milieu de fa longueur. Une driffe, dont le dormant eft fait au bout du bâton de foc, paffe dans la poulie de driffe fixée fur la vergue, remonte au bout du bâton de foc, pour embraffer un des rouets pratiqué dans la pomme, & defcend enfuite pour s'amarrer fur le gaillard-d'avant. Cette vergue eft liée au bâton de foc par un racage fimple. Ses balancines font fimples; chacune capelée au bout de vergue paffe dans un rouet de la pomme du bâton de foc, & vient s'amarrer au coltis. Les bras fimples font capelés aux bouts de la vergue, & fuivent ou plutôt accompagnent les bras de la vergue de civadiere.

Tels font les noms, les lieux & les fonctions de toutes les manœuvres qui fervent foit à élever, foit à foutenir, foit à orienter les vergues d'un vaiffeau. Nous avons, dans ces détails, élagué tout ce qui pouvoit être relatif à la voilure, parce que ces objets ne font pas partie du travail que nous nous

fommes

ſommes propoſé. Cette diſtraction de ces dernieres manœuvres offre même un avantage. Elle contribue à la netteté néceſſaire dans la deſcription des objets que nous voulions faire connoître. Il ne nous reſte plus maintenant qu'à donner, comme nous l'avons promis, une Table des dimenſions relatives, ſoit des manœuvres qui ſervent au gréement des vergues, ſoit des cordages employés à la garniture des mâts. Une telle Table qui terminera ce dernier Chapitre, nous paroît être le ſeul & dernier trait qui manque à ce tableau de la mâture. Nous allons l'expoſer avec toute l'étendue néceſſaire.

La longueur du maître-bau eſt encore ici la baſe fondamentale de la longueur des autres dimenſions des manœuvres d'un vaiſſeau. Il eſt à propos, pour l'intelligence de la Table ſuivante, d'obſerver que les dimenſions ſont eſtimées en parties égales du compas de proportion. Ce compas eſt ſuppoſé ouvert de façon que la ligne qui paſſeroit par les points marqués 200 & 200, ſeroit égale à autant de parties égales du compas qu'il y a de pieds dans le quadruple du maître-beau. Si, par exemple, le maître-bau eſt de 40 pieds, la diſtance des extrémités du compas de proportion doit être de 160 parties égales. Les dimenſions des manœuvres ſont meſurées ſur le compas parallelement à cette ligne de diſtance des deux extrémités, & la grandeur de ces lignes paralleles à cette baſe eſt meſurée ſur la ligne des parties égales du compas de proportion. Si, par exemple on veut connoître la longeur du grand étai d'un vaiſſeau qui a 40 pieds de bau, comme la Table indique 45, il faut, avec un compas commun, meſurer la diſtance des points 45 & 45 de l'échelle des parties égales, parallelement à ligne 200 & 200. Cette diſtance étant enſuite portée du centre du compas ſur l'échelle des parties égales, on remarque combien elle vaut de parties égales, & chacune de ces parties vaut une braſſe, ce qui annonceroit dans le cas préſent que la Table aſſigne 36 braſſes de longueur au grand étai & à ſon collier. On remarquera encore que dans cette Table, 1°, les groſſeurs des manœuvres ſont eſtimées en pouces, & les longueurs en braſſes; 2°, qu'il y a deux eſpeces de chiffres, Arabes & Romains, pour évaluer les longueurs des manœuvres. Lorſque les chiffres ſont Arabes, les parties égales qu'on détermine ſuivant la marche indiquée précédemment, ne valent chacune que le cinquieme d'une braſſe, & lorſqu'ils ſont Romains, chaque partie égale vaut une braſſe. Si dans l'évaluation des groſſeurs il ſe trouve de ces deux eſpeces de chiffres; lorſqu'ils ſont Arabes, chaque partie vaut le dixieme d'un pouce, & lorſqu'ils ſont Romains, chaque partie vaut alors le cinquieme d'un pouce.

Ces éclairciſſements ſont néceſſaires & ſuffiſants pour l'intelligence parfaite de la Table ſuivante.

MATURE.   V

Dimensions relatives des Manœuvres qui servent au gréement des Mâts & des Vergues d'un Vaisseau quelconque.

Noms des Manœuvres.	Grand-Mât. Longueur.	Grosseur.	Mât de Misaine. Longueur.	Grosseur.	Mât d'Artimon. Longueur.	Grosseur.	Mât de Beaupré. Longueur.	Grosseur.
	Bas-	Mât.	Bas-	Mât.	Bas-	Mât.		
L'Etai & son Collier	XLV.	192½	112	161	91½	83½	Sous-Barbe } 122½	62½
Le faux Etai & son Collier	XLV	99	112	83½				
Le premier Hauban-avant	.81	109	78	99	68	62½		
La ride de l'Etai	XLV	52	151	42	52	31		
Ride du faux Etai	.60	31	60	38				
Ride de Hauban	.60	52	60	49½	47	31		
Driffe	LXXXII	62½	LXXX	71	LXI½	35		
Le bras de grand'Vergue	LXI½	47	LIV	43	XL½	31	LVI	42
Balancine à Palau	LXXXII½	42	LXXIV	36½				
Balancine simple	LXV½	47	LVI	42	151	31	XL½	42
Gambes de Hune	.47	47	41½	42	67½	26		
Palan de Drosses					LXV½	36½		
Bâtard de Racage					41½	42		
Les Ours { doubles					161½	36½		
{ & simples					122½	36½		
Martinet					XL½	31		
Suspente					XLI½	52	27	62½
Moustache					60½	42½	80¼	42
Palan de Bout							XXXVI½	42
Liures de Beaupré. { Première							LXXXXII½	94
{ Deuxieme							LXXXII	83
Mât de Hune.	*Grand Mât de Hune.*		*Petit Mât de Hune.*		*Mât de Per. de Fougue.*			
L'Etai	161½	93½	122½	88	73	42		
Le faux Etai	122½	57	122½	47½				
Ride de l'Etai	122½	42	100	36½				
Ride de faux Etai	52	31						
Ride de Galaubans & de Haubans	52	31	52	29	36½	15½		
Un Hauban	73	62½	68	57	52	36½		
Un Galauban	151	67½	140	62½	122½	42		
Itague	LXII½	94	130	52	45½	42		
Ginderesse	XCIX	88	LXXXIV½	84½				
Driffe	CIII	42	XCII½	36½	XLIX	31		
Bras	LXI½	42	LVI	42	XL½	31		
Balancine	LXI½	42	LVI	42	XXXVI½	31		
Bâtard de Racage	101½	42	91	36½	27	26		
Gambe de Perroquet	27	31	27	26				
Mât de Perroquet.	*Mât de grand Perroquet.*		*Mât de petit Perroquet.*					
L'Etai	151	36½	160½	31				
Ride de l'Etai								
Hauban	36	31	31	28				
Galauban	XXXVI½	36½	161½	31				
Ride de Hauban & Galauban	36½	15½						
Itague	36	36½	36	31				
Driffe	LXXXII	45	LXVII½	40				
Bras	XLIX	31	XLV	26				
Balancine	XXXII	31	XXX	26				
Bâtard de Racage	27	31	27	26				

Telle est la description de l'état actuel de l'Art de la Mâture. Si elle fait connoître comment on forme les mâts, & avec quelle solidité on les établit sur les vaisseaux, elle annonce aussi l'incertitude qui regne encore & sur le vrai lieu que chaque mât doit occuper sur un vaisseau, & la hauteur réelle à laquelle chacun doit s'élever. En multipliant les mâts d'un vaisseau, on s'est soustrait en partie aux dangers des erreurs qui pouvoient résulter de l'ignorance de leurs places ; & en divisant la voilure en plusieurs voiles séparées, on s'est ménagé les moyens de varier & d'accommoder aux circonstances la hauteur du point vélique. Mais si ces défauts trop essentiels sont ainsi palliés, ils n'exiftent pas moins, & il refte toujours à faire la recherche importante foit du lieu réel des mâts, foit des bornes précifes de leur hauteur.

Cette incertitude fur de tels objets en produit néceffairement fur l'état réel de la conftruction des vaiffeaux. Elle s'oppofe au jugement qu'on voudroit porter fur la perfection à laquelle a pu atteindre l'Architecture Navale ; en effet, le vaiffeau le mieux conformé rempliroit mal la jufte attente de fon Auteur & des Connoiffeurs, fi une mâture convenable ne fecondoit pas le fuccès des contours heureux qu'on auroit donné à fa carene, & réciproquement la mâture d'un vaiffeau feroit inutilement la meilleure poffible relativement à ce vaiffeau, fi d'ailleurs la forme de celui-ci n'étoit pas douée de qualités brillantes. Ainfi il devient donc néceffaire que l'Architecture Navale ait déja acquis toute la perfection dont elle eft fufceptible, afin qu'enfuite on puiffe juger fi les regles raifonnées de l'Art de la Mâture, lorfqu'elles feront découvertes, font auffi parfaites qu'on peut le défirer. Cette double recherche dépend particuliérement de la connoiffance des vraies loix de la réfiftance de l'eau ; & c'eft l'ignorance de ces loix qui retarde en partie les progrès foit de la fcience de la Mâture, foit de l'Architecture Navale. Ces loix découvertes ferviront, fans doute, à prefcrire des regles de Mâture plus précifes ; mais l'Art du Mâteur n'eft pas fufceptible d'éprouver à une telle époque une grande révolution. La defcription de cet Art, telle que je la préfente aujourd'hui, ne peut donc alors effuyer d'autres changements que dans l'expofé des fondements nouveaux qui ferviront de bafe aux nouvelles regles de mâture.

Je crois maintenant avoir rempli le plan que je m'étois propofé. J'ai fait connoître comment on forme les mâts, comment on les compofe de plufieurs pieces, & comment ces pieces font réunies & liées enfemble. J'ai donné l'état des dimenfions relatives foit des mâts, foit des vergues d'un vaiffeau quelconque. Non-feulement j'ai détaillé toutes les regles ufuelles de mâture, mais j'ai difcuté auffi la folidité des fondements fur lefquels elles font établies. J'ai préfenté chaque mât partiel ifolé, & enfuite je les ai réunis pour ne compofer qu'un feul mât. Enfin j'ai fait voir comment on les établit fur les vaiffeaux, & par quels moyens on les maintient dans une fituation déterminée. Ces détails nombreux font fans doute fuffifants pour donner une idée complette de l'Art de la Mâture & de la maniere de mâter un vaiffeau. C'eft ainfi que j'ai formé un tableau bien vrai, fans doute, mais dans lequel les objets repréfentés dans un ordre convenable ne font pas colorés auffi vivement & tracés auffi fortement qu'on auroit pu l'attendre d'une main plus habile. Meffieurs de l'Académie, auxquels je préfente cet Ouvrage, voudront bien le recevoir avec indulgence ; & fi l'Auteur, malgré fes efforts, ne peut obtenir leur eftime, il aura du moins fait connoître en la recherchant, qu'il en fentoit tout le prix.

TABLE

DES CHAPITRES ET ARTICLES

CONTENUS DANS CET OUVRAGE.

Fin de la Table.

EXTRAIT DES REGISTRES

DE L'ACADÉMIE ROYALE DES SCIENCES.

Du 12 Août 1778.

MEssieurs DUHAMEL, BEZOUT, DE BORI & VANDERMONDE ayant rendu compte à l'Académie d'un Ouvrage de M. ROMME, sur *l'Art de la Mâture*; l'Académie a jugé cet Ouvrage digne de son approbation & d'être imprimé sous son Privilege : en foi de quoi j'ai signé le présent Certificat. A Paris, ce 12 Août 1778.

Signé, Le Marquis DE CONDORCET, *Sécretaire perpétuel.*

DE L'IMPRIMERIE DE L. F. DELATOUR, 1778.

EXPLICATION
DE LA CARTE GÉNÉRALE DE LA MÂTURE,
Comprise sous les noms de Planche premiere A, & Planche seconde B.

PLANCHE PREMIERE, A.

FIGURE premiere. Méche totale d'un Mât formé de sept pieces. *AB*, & *CD*, parties de cette Méche. *cb*, longueur de l'Ecart, & *ab*, suite d'Adents nécessaires à l'assemblage.

Fig. 2. Piece d'assemblage vue sur sa largeur. *cd*, partie de cette Piece, & *ef*, son Allonge.

Fig. 3. Vue de la même Piece sur son épaisseur. *gk*, longueur de l'Ecart.

Fig. 4. Vue de la Méche unie à deux pieces, composantes du mât.

Fig. 5. Troisieme ou quatrieme Piece composante du mât, formée de deux pieces réunies & représentées dans la *fig.* 6.

Fig. 7. Vue de chacune de ces Pieces sur leur épaisseur.

Fig. 8. Mât fini, arrondi, & ceint de cercles de fer.

Fig. 9, 10, 11, 12, 13 & 14, Coupes de ce mât, faites en divers points de sa longueur.

Fig. 15. Pieces composantes d'un mât de beaupré.

Fig. 16. Assemblage de deux de ces Pieces.

Fig. 17. Assemblage de deux autres Pieces égales.

Fig. 18. Beaupré assemblé, arrondi, & ceint de cercles.

Fig. 19, 20, 21, 22, 23 & 24, diverses Coupes de ce Mât.

Fig. 25. Vue des deux Pieces composantes d'une vergue.

Fig. 26. Vergue finie & prête à être employée.

PLANCHE SECONDE, B.

Figure premiere. Mât d'artimon vu de côté. *AB*, bas Mât. *ab*, Mât de perroquet de fougue. *cd*, Mât de perruche.

Fig. 2. Mât faisant fonction des Mâts de perroquet de fougue & de perruche.

Fig. 3. Barres du bas mât.

Fig. 4. Chuquet de ce mât.

Fig. 5. Hune du même mât.

Fig. 6. Barres du mât de perroquet de fougue.

MASTURE.   X

Fig. 7. Chuquet de ce mât.

Fig. 8. Vergue d'artimon.

Fig. 9. Vergue feche ou barrée.

Fig. 10. Vergue de perroquet de fougue.

Fig. 11. Vergue de perruche.

Fig. 12. Grand Mât vu latéralement. *A B*, bas Mât. *C D*, grand Mât de hune. *E F*, Mât de grand perroquet.

Fig. 13. Barres de bas Mât.

Fig. 14. Hune de grand mât.

Fig. 15. Chuquet de bas mât.

Fig. 16. Clef du mât de hune.

Fig. 17. Barre élongis.

Fig. 18. Barre du grand mât de hune.

Fig. 19. Chuquet de ce mât.

Fig. 20. Grand-Vergue.

Fig. 21. Vergue de grand hunier.

Fig. 22. Vergue de grand perroquet.

Fig. 23. Arc-boutant ferré.

Fig. 24. Boutehors de grand-Vergue.

Fig. 25. Mât de mifaine vu par fon avant. *A B*, bas Mât. *C D*, petit Mât de hune. *E F*, Mât de petit perroquet.

Fig. 26. Barre de mifaine.

Fig. 27. Hune de mifaine.

Fig. 28. Chuquet de mifaine.

Fig. 29. Couffin d'élongis.

Fig. 30. Barre du petit mât de hune.

Fig. 31. Chuquet du petit mât de hune.

Fig. 32. Vergue de mifaine, avec fon boutehors *a*.

Fig. 33. Vergue de petit hunier.

Fig. 34. Vergue de petit perroquet.

Fig. 35. Tangon.

Fig. 36. Mât de Beaupré *B*, avec fon boutehors *E*, vu de côté.

Fig. 37. Le même Mât vu horifontalement.

Fig. 38. Vergue de Civadiere.

Fig. 39. Vergue de contre-Civadiere.

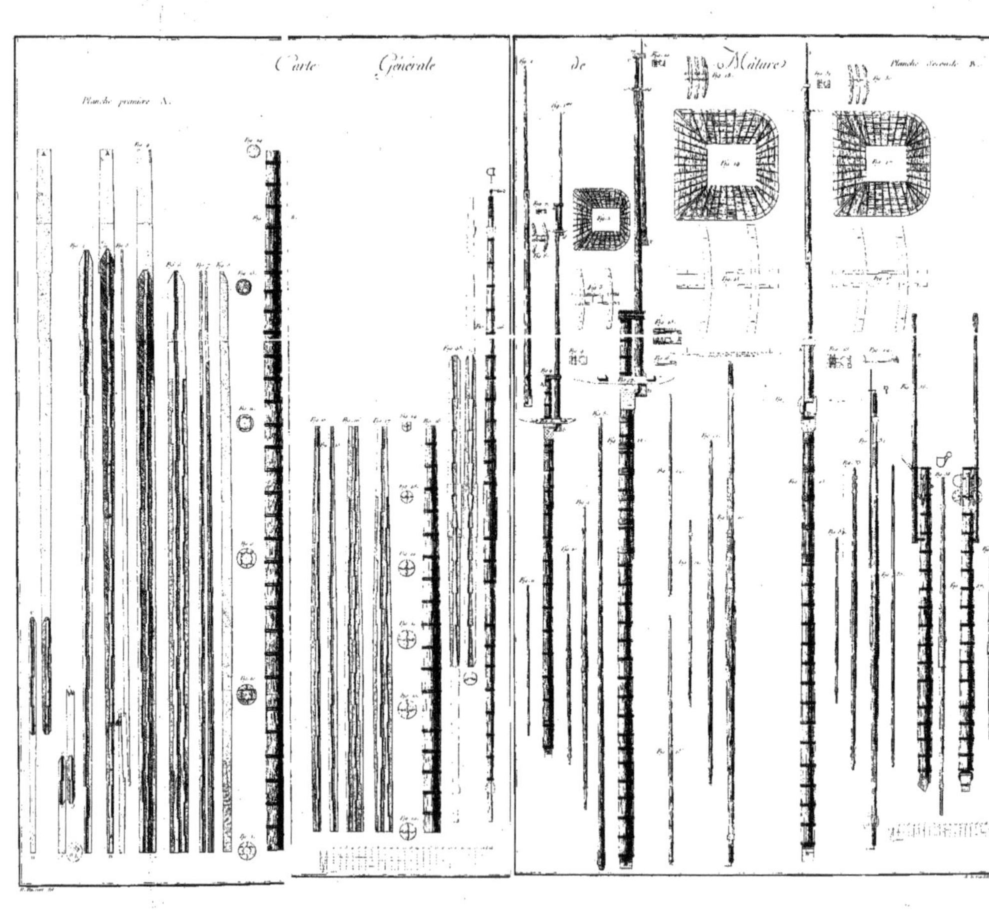

Carte Générale de Mâture
Planche première A.
Planche seconde B.

Carte
Planche premiere. A.
Fig. 1.
Fig. 2.
Fig. 3.
Fig. 4.
Fig. 5.
Fig. 6.
Fig. 7.
Fig. 8.
Fig. 9.
Fig. 10.
Fig. 11.
Fig. 12.
Fig. 13.
Fig. 14.

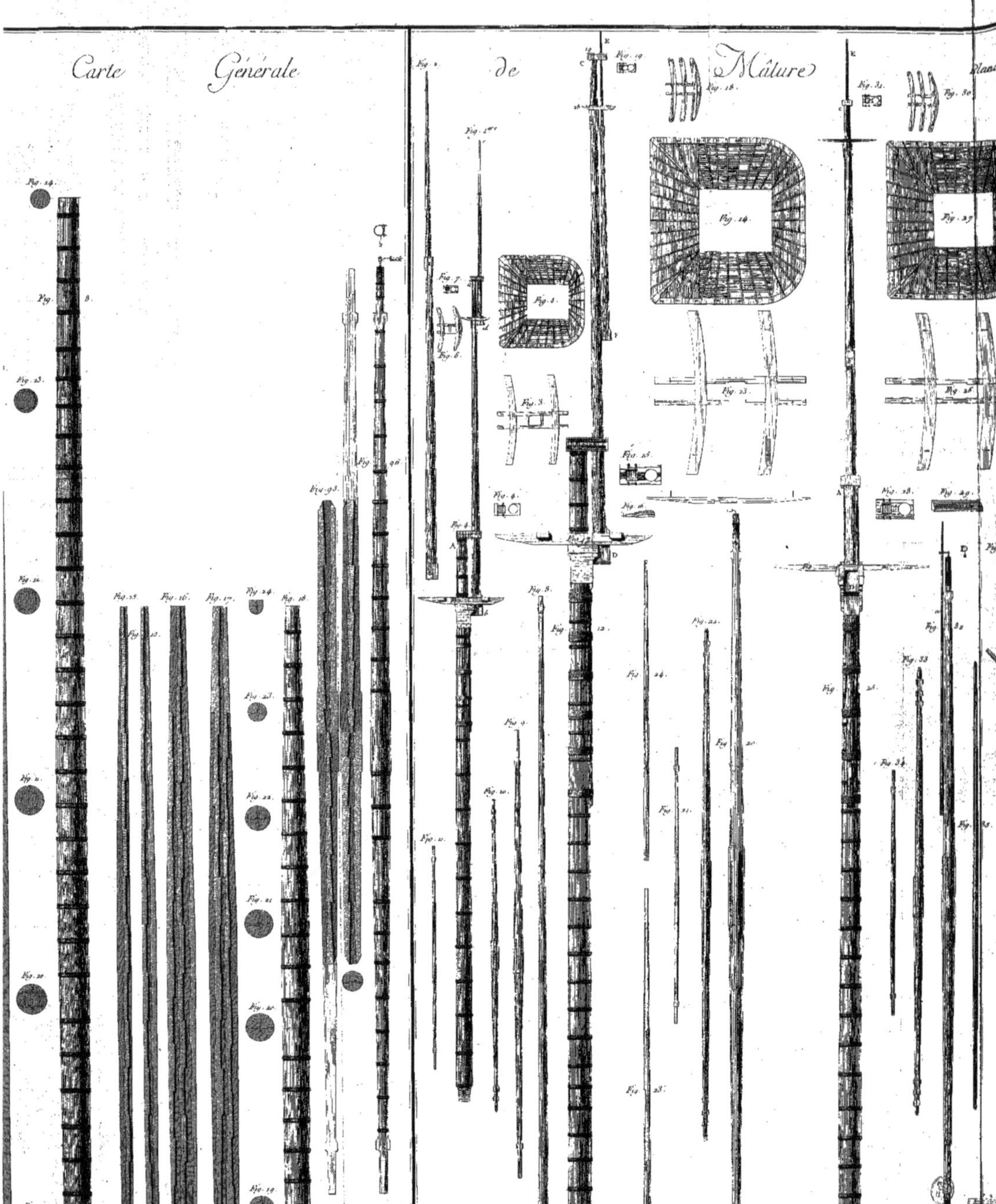

Carte Générale de Mâture
Planche

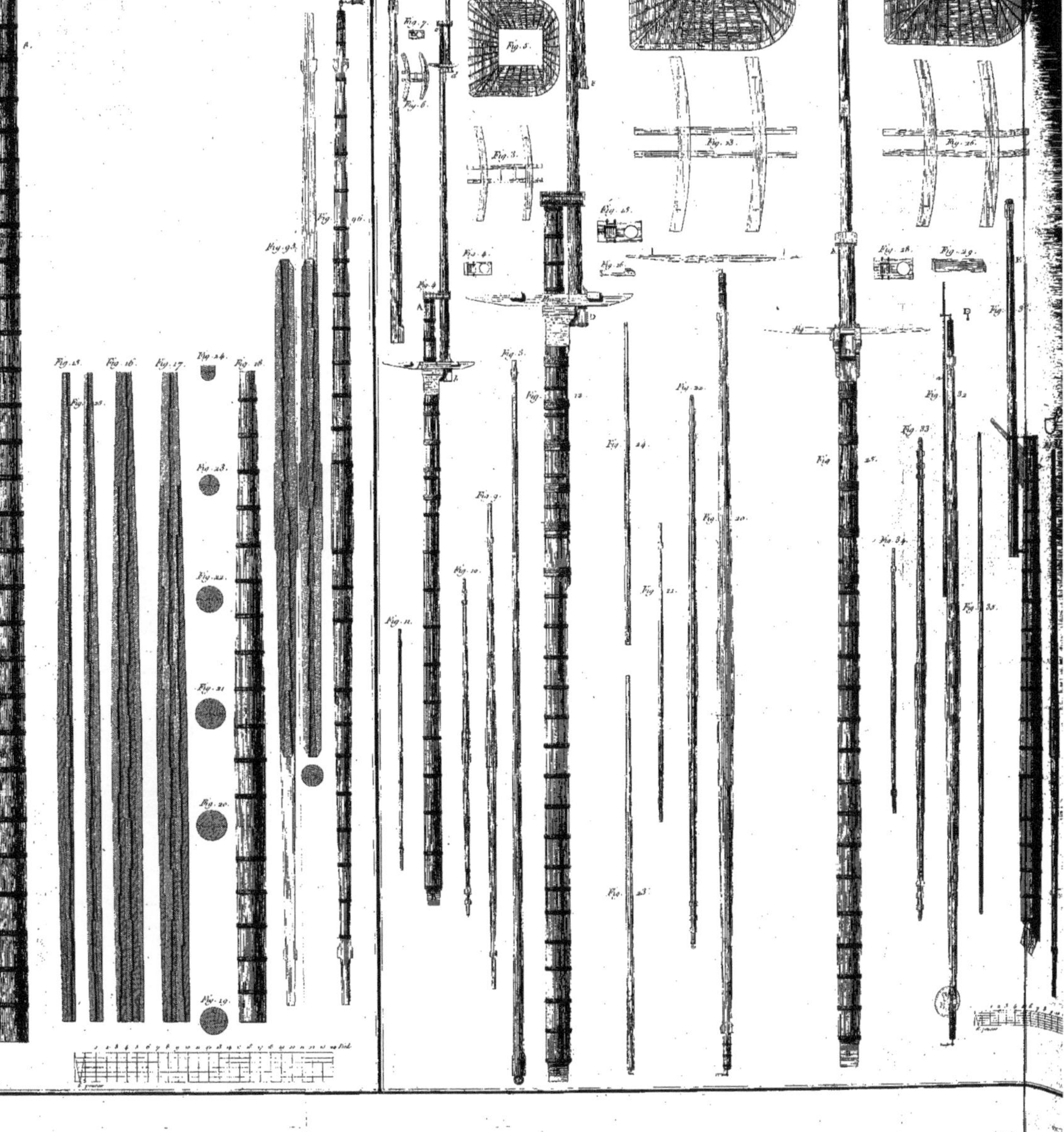

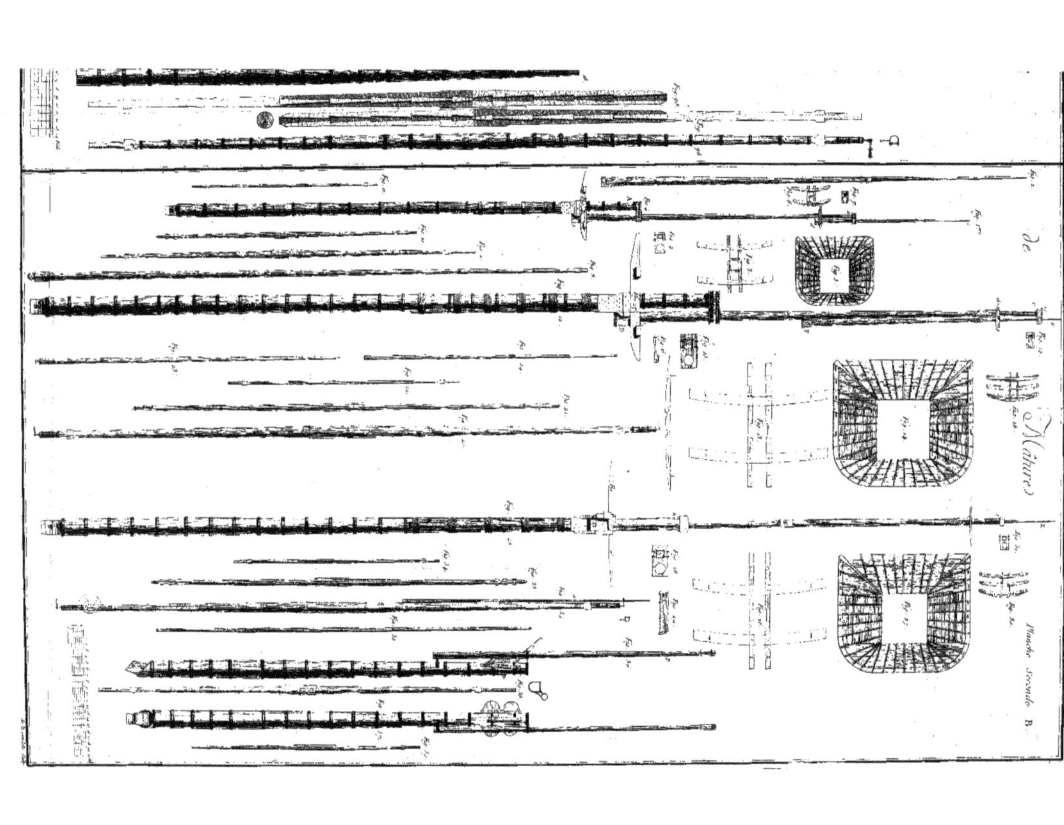

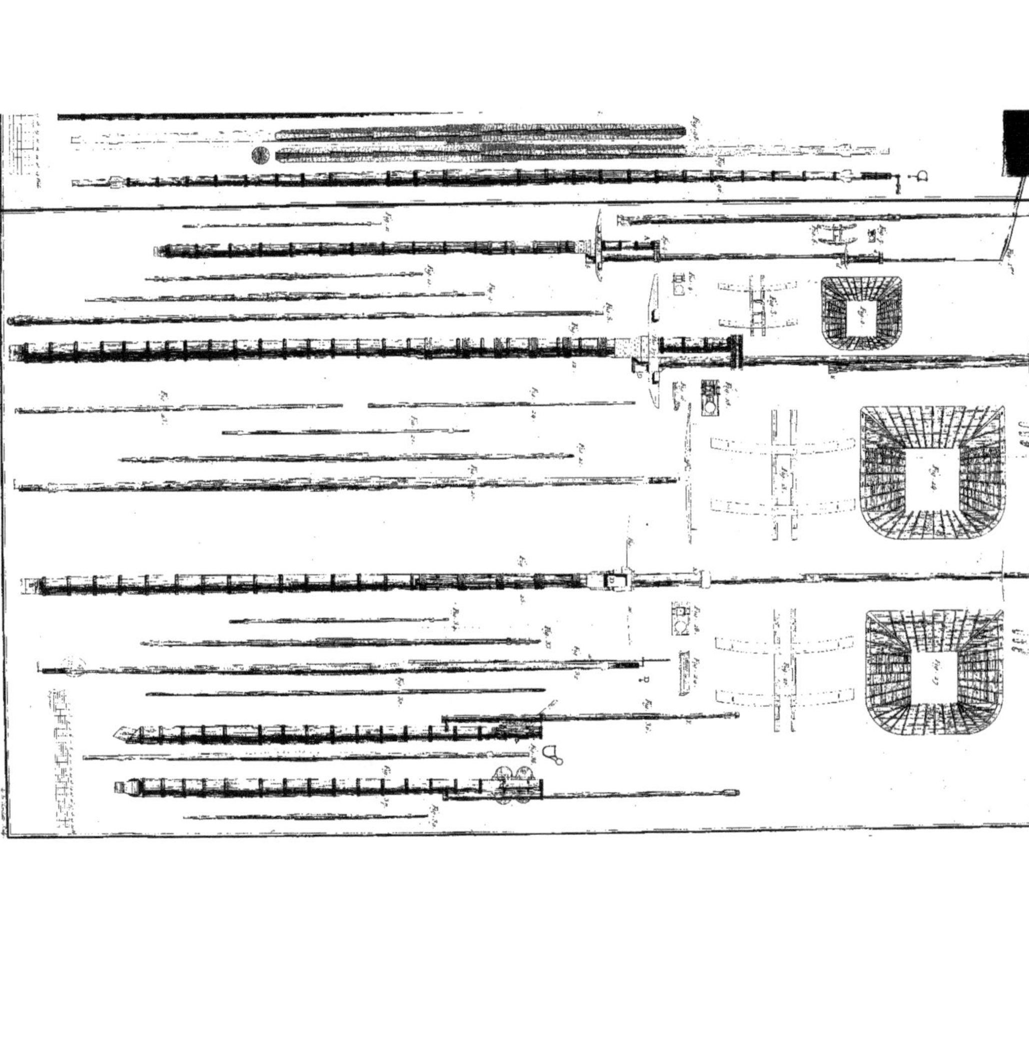

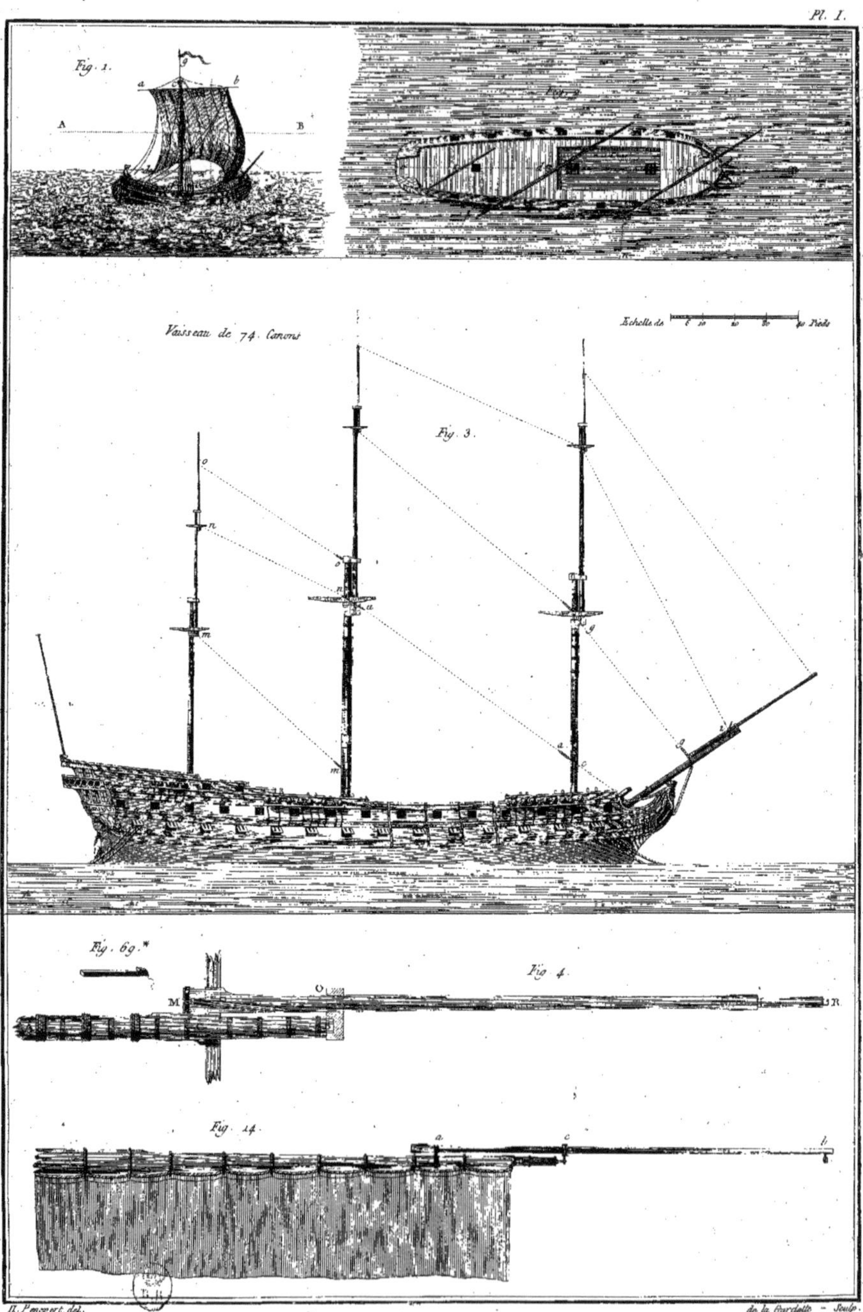

Fig. 1.
A
B
Fig. 2.
Vaisseau de 74. Canons
Echelle de
Fig. 3.
Fig. 69.*
Fig. 4.
M
O
R
Fig. 14.

Pl. II.

Fig. 5.
Fig. 6.
Fig. 7.
Fig. 8.
Fig. 16.
Fig. 12.
Fig. 17.
Fig. 15.

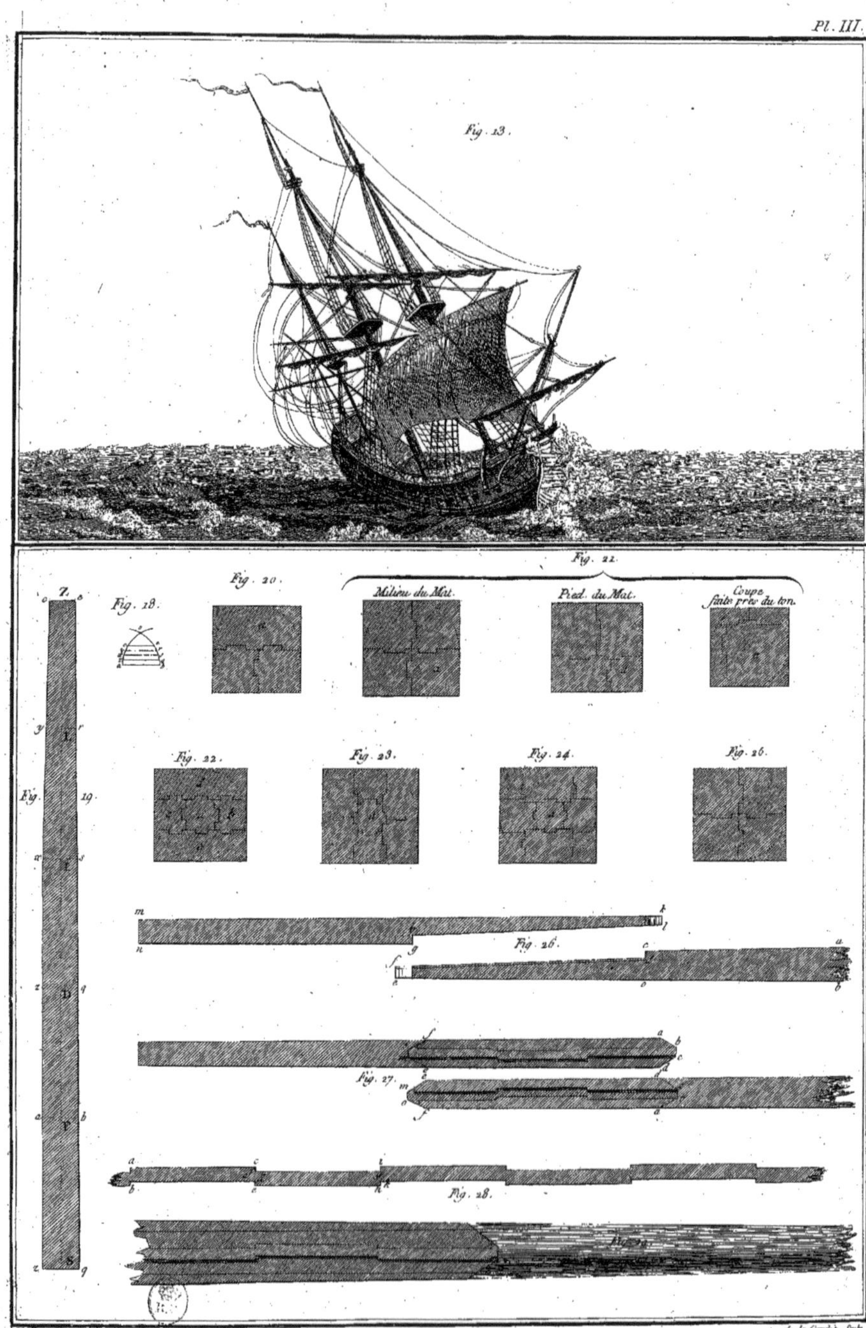

Fig. 13.
Fig. 18.
Fig. 20.
Fig. 21.
Milieu du Mat.
Pied. du Mat.
Coupe faite près du ton.
Fig. 19.
Fig. 22.
Fig. 23.
Fig. 24.
Fig. 25.
Fig. 26.
Fig. 27.
Fig. 28.
Fig. 29.

Fig. 9.
Fig. 10.
Fig. 11.
H. Poncort del.
de la Gardette Sculp.

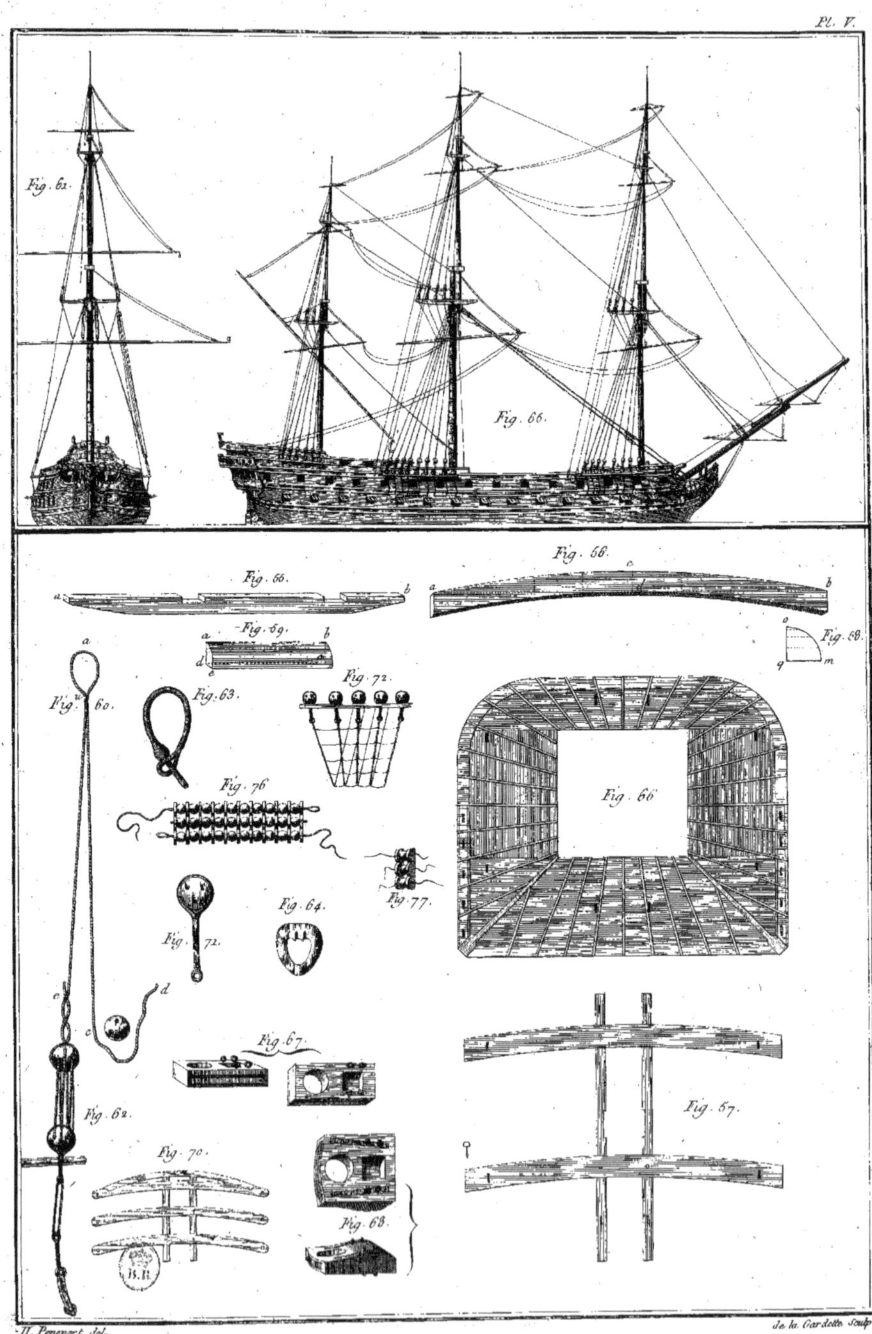

Fig. 61.
Fig. 66.
Fig. 65.
Fig. 56.
a
b
c
Fig. 69.
a
b
d
e
Fig. 58.
o
q
m
Fig. 60.
a
u
Fig. 63.
Fig. 72.
Fig. 76.
Fig. 77.
Fig. 66.
Fig. 72.
Fig. 64.
e
c
d
Fig. 67.
Fig. 62.
Fig. 57.
Fig. 70.
Fig. 68.
B.B.

H. Penevert del.
de la Gardette Sculp.

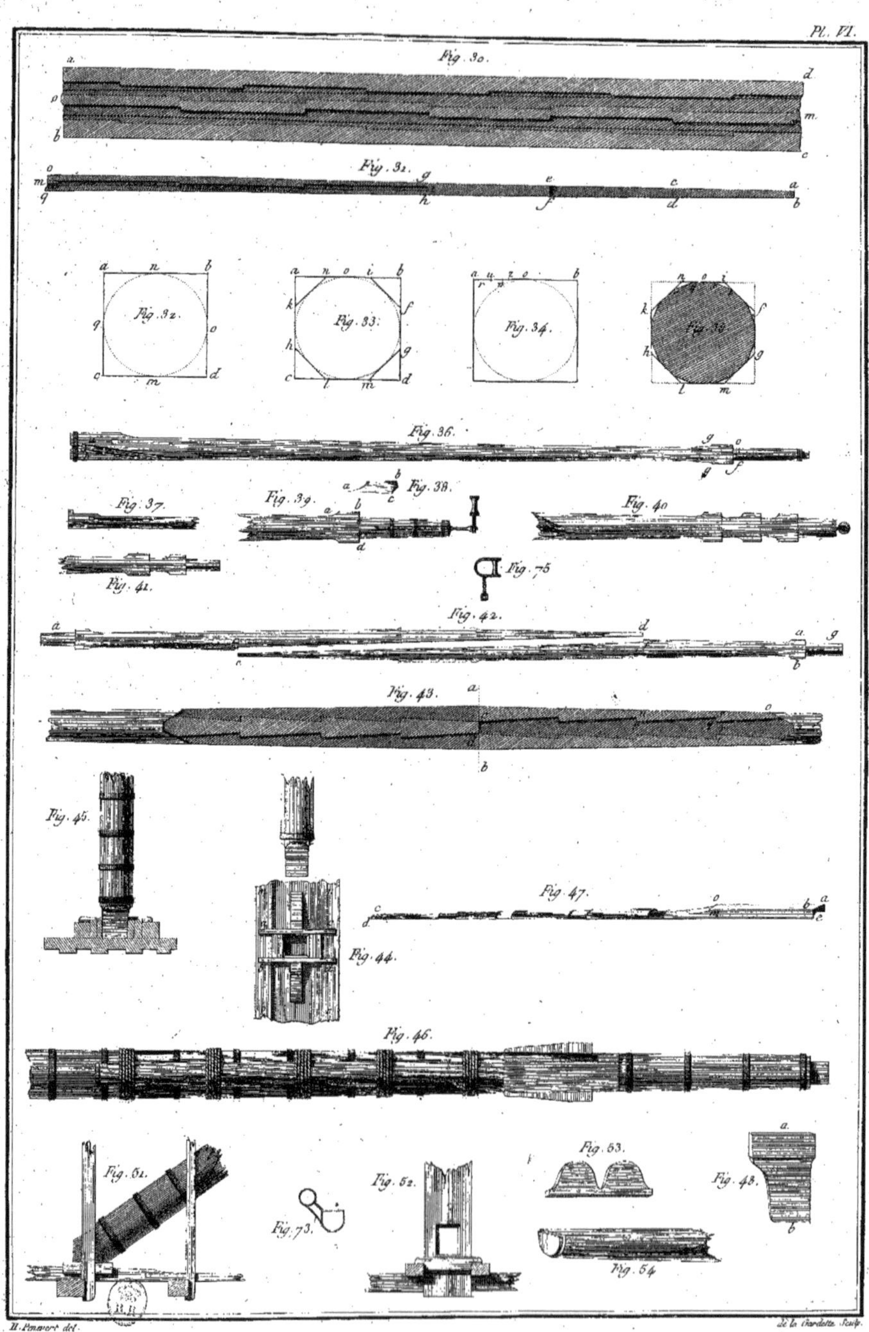

Fig. 30.
Fig. 31.
Fig. 32.
Fig. 33.
Fig. 34.
Fig. 35.
Fig. 36.
Fig. 37.
Fig. 38.
Fig. 39.
Fig. 40.
Fig. 41.
Fig. 75.
Fig. 42.
Fig. 43.
Fig. 45.
Fig. 44.
Fig. 47.
Fig. 46.
Fig. 51.
Fig. 73.
Fig. 52.
Fig. 53.
Fig. 48.
Fig. 54.

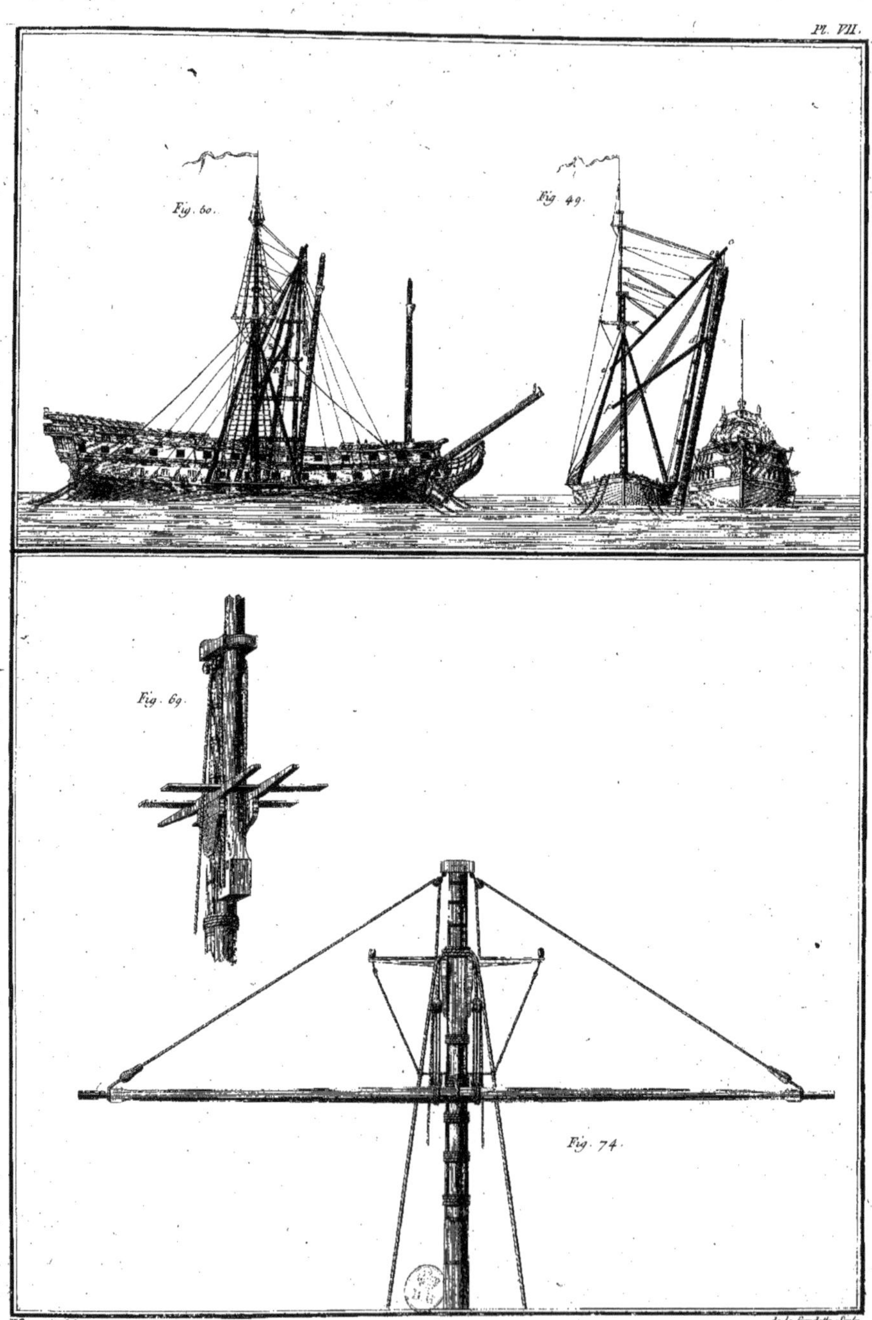

Fig. 60.
Fig. 49.
Fig. 69.
Fig. 74.
H.Penevert. del.
de la Gardette Sculp

9 782019 220594